社会福祉を学ぶ
トピックで読みとく社会のしくみ

斎藤 嘉孝 西武文理大学専任講師 著　　福祉教育カレッジ 編集

医学評論社

＊正誤情報，発行後の法令改正，最新統計，ガイドライン関連情報につきましては，弊社ウェブサイト（**http://www.igakuhyoronsha.co.jp/**）にてお知らせいたします。ご意見，ご質問につきましても上記にて受け付けております。

＊本書の内容の一部あるいは全部を，無断で（複写機などいかなる方法によっても）複写・複製・転載すると，著作権および出版権侵害となることがありますのでご注意ください。

序

　本書は「社会のしくみ」を読みとく書である。現代日本の社会問題や社会福祉を，なるべく平易に，身近な「トピック」を通して学ぶ。

　トピックの範囲は，子どもから高齢者，家族，地域，貧困，心理，あるいは医療，年金，労働など，広範囲にわたる。

　本書の読者層として想定するのは———，

　第一に，社会問題を学ぶ学生である。

　例えば，大学・短大・専門学校などで，社会福祉・社会学・心理学・社会保障（政策）・公衆衛生などを専攻する学生である。またそれ以外でも（医療・看護系あるいは工学系など）広く一般教養を学習したい人も，想定されている。初学者や，世の中のしくみに通じていないと思っている人でも，気軽に読んでほしい。

　第二に，社会のしくみを勉強しなおしたい社会人を対象にしている。

　社会問題や社会福祉について，学習したことはあるが，様々な事象に出くわすなかで，社会のしくみを再解釈したいという人は少なくないだろう。そうした読者に対し，関連分野の研究でこれまでどんなことが議論されてきたか，また専門的な視点でみて世の流れはどちらに向いているかなど，できるだけ平易に伝えようとする。

　第三に，資格試験の学習を始める受験生である。

　社会問題や社会福祉などを受験科目に含む資格は少なくない。例えば社会福祉士・精神保健福祉士・介護福祉士・保育士などの国家資格である。あるいは国家公務員第Ⅱ種もそうである。こうした試験の準備を始める前に，本書を一読してほしい。そして各科目の全体像をイメージしてほしい。いきなり難しい専門的内容に入るのでなく，また細部の暗記事項に走るのでもない。気軽に本書を通読することで，ポイントを大きく把握してほしい。本書は，実際の過去問を随時取り上げ，各章では練習問題や過去問分析にも言及している。

　以上のタイプ以外の読者も，もちろん大歓迎である。本書をなるべく多くの人びとに手に取って頂くことを願っている。

2007年12月

斎藤嘉孝

目次

序章	はじめに──本書を読む前に … 1
第1章	子どもと家庭への諸施策 … 7 ──児童福祉論
第2章	高齢者の生活と介護 … 27 ──老人福祉論
第3章	貧困や格差はどこにあるのか … 45 ──公的扶助論
第4章	人間関係や家族への注目 … 59 ──社会学
第5章	心と行動を科学する … 77 ──心理学
第6章	最近の自治体政策を中心に … 97 ──地域福祉論
第7章	健康な生活を保障する … 111 ──社会保障論
第8章	職業としての福祉 … 131 ──社会福祉原論
終章	おわりに … 147

謝辞 … 149

索引 … 150

はじめに
——本書を読む前に

●本書のねらい

　「社会のしくみをもっと知りたい人のため，あるいは社会福祉の勉強を始めたい人のため，気軽な読み物がほしい」。そう考えたのが本書のきっかけだった。肩肘はらずに，いつでも気軽に読める入門書がほしい，そう考えた。

　それでいて，一通り読めば社会のしくみや社会福祉のイメージがつかめるものがいいと思った。暗記や固有名詞など，細かいところにあまりこだわらず，大まかな全体像を優先したものがほしいと思った。

　新しいことを知るのは，本来楽しいはずである。しかし日本では，とかく勉強となると，楽しさを犠牲にしがちである。意味がわからなくても記憶し，詰め込むという「苦学」の風潮は否めない。

　しかし，本書は「気軽に」読めること，「楽しむ」ことを優先した。初学者にはそれが最も大事なはずである。

　また，本書では「イメージ」という言葉をキーワードにした。「暗記」「固有名詞」「苦学」などと一線を画すことを意図している。特に初学者は，もっとアバウトに，柔軟に取り組むべきである。その方が楽しいし，むりやり覚えるよりも自然に自分のなかに残っていく。本書はできるかぎり，読者が気軽に学べることを意識したつもりである。

●本書の読者

　本書の読者としては，社会問題や社会福祉の学習をこれから始める人を想定している。具体的には，第一に，社会学・社会福祉・心理学などを専攻する大学生，短大生，専門学校生，あるいは一般教養としてそれらを学習する学生である。専門的な学習に進む前に，ぜひ一度本書に「気軽に」目を通していただきたい。

　もちろん上記の学生たちだけでなく，社会問題や社会福祉に興味のある社会人の方々に読んでいただくことも想定している。知っているようで知らない制度や，意外な世の中のしくみが存在することを「楽しく」気づいていただければ本望である。

　さらに，これから社会福祉職に就こうとする方々も，重要な読者として想定している。なかでも焦点を当てたいのが，次に挙げる「資格試験の受験者」である。

◎各種試験対策として

　本書では，とりわけ**社会福祉士**国家試験の過去問研究を行い，当試験についてはたくさん言及する。各章のコラムや問題練習でも，試験対策として実用的な対応をしている。

　さらに，本書で取り上げる科目は他職種の試験も対象になる。

　精神保健福祉士は，共通科目8科目のうち，6科目が本書でカバーされる（公的扶助論，社会学，心理学，地域福祉論，社会保障論，社会福祉原論）。本書の社会福祉士国家試験の対策は，同時に精神保健福祉士の対策といえる（事実，共通科目はすべて社会福祉士と共通問題）。以下，本書では「社会福祉士国家試験」といった場合，「精神保健福祉士国家試験」も同義とする。

　介護福祉士は「社会福祉概論」「老人福祉論」「老人・障害者の心理」と重なる。

　保育士は「社会福祉」「児童福祉」「発達心理学」「養護原理」の内容と重な

る。

　国家公務員試験Ⅱ種の「社会学」も重なるので，言及した。

　本書を読めば，各科目の大まかな姿がわかると思う。なぜ学習せねばならないかがイメージできると思う。

　筆者がよく受験生から聞くのは，学習しながらも「勉強する意味がわからない」という声である。そうした疑問をもったままでは，学習能率は下がってしまう。本書は「出題側がなぜそれを学んでほしいと考えるか」に注目している。難しくとらえずに「読み物」として本書を手にしながら，各科目の学ぶ意味をわかってほしい。

　とかく「こなす」ことに終始しがちな試験科目を，まずは「自分に身近なもの」と思ってほしい。本書では日常の例や，自分の生活に関係ある事項に引きつけて解説する。意外にも，各科目はただの「試験勉強」や「机上の空論」ではないことに気づくと思う。

●勉強を始める前に

　突然だが，資格試験を受けるつもりの読者は，いま実際の試験問題（過去問）をみてほしい。おそらく「わからない」「解けない」「知らない単語ばかり」などの感想がほとんどだろう。そして，「何から勉強していいかわからない」という声も聞こえてきそうだ。

　しかし，まず本書を読み流してほしい。そして再度，それらの過去問をみてほしい。どうだろうか？

　半分ぐらいは「何となくわかるような気がする」という感覚になっていれば，筆者としては本望である。例えば社会福祉士であれば，合格するのに必要な得点は「6割」である（出題側の公表による）。満点をとることは想定されていない。本書を読んだあとに「わかりそうだ」と思えれば，出だしとしては十分である。

　本書はいろいろなポイントに手を広げるようなことはしていない。むだな勉強は極力しないことをモットーにしている。何でもやろうとすると，かえって

能率は下がるし，時間も足りない。過去に出題の少ないところにあまり労力を割かない方がよい。むしろポイントをしぼることに最初は集中した方がよい。つまりは過去問の研究が何より重要といえる。

　試験勉強で間違った意見をよく聞く。「ある程度の蓄積ができてから，最後に過去問で練習する」というものだ。しかしこれは大きな間違いで，無駄が多い，時間がかかる，学習のおもしろさが減少するなど，よいことがない。それより大事なのは「過去問を先に解くこと」，そして「過去問を研究すること」である。的をしぼって，しかもおもしろさを見出しながら，出題される部分を集中的に学習するのである。

　では具体的にどうしたらよいか？

　ここにこそ本書の意義がある。まず本書に目を通し，各教科がどんなものか知ってほしい。おもしろさや，その科目の意味を気軽に知ってほしい。そして試験本番の内容について，どんな事項が過去に重点的に問われてきたか，知ってほしい。本書を最初に読むのと読まないのでは，のちの学習効率は大違いだと思う。

　なお，本書は概説書ではない。つまり各教科の細部を説明することに主眼を置いていない。研究者を育成するための専門書でもない。細部の事項を網羅してほしいとは考えていない。

　むしろ主眼は，読者のいまもっている知識や既知の事項を，できるだけ活用し，社会問題や福祉のあれこれをイメージすることにある。それだけでもわかることが意外に多いことを現時点で伝えたい。日本の試験勉強で評価されるのは，とかく「多く覚えていること」である。あとで忘れようが問題ではない。試験の時点でアウトプット量が多いことが重要である。

　しかし，本書はそれと対照的である。基本的に，暗記事項を紹介するのではない。むしろ重要視するのは，何となく自分のなかに残るセンス，あるいはイメージといったものである。これをいかにためていくかである。センスやイメージは簡単には忘れないし，しかも長く残るものだと考えている。

●本書の特徴として

　本書は第1章から第8章までが各科目についてである。各章は過去問に言及しながら，気軽に読み流せるようになっている。

　各章では，一定の学術的なレベルを保つために，必要に応じて文献を引用している。引用文献は各章最後に掲載している。もしかしたら読者も興味をもつような文献があるかもしれない。あとで余裕が出た際にでも，次への参考にしてほしい。そのため，入手しやすさを考慮し，学術雑誌に掲載されている論文類よりは，あえて市販されている書籍を中心に引用した。

　各章冒頭には，その章で扱うポイントとして，「キーワード」を掲載している。各章を読み進める前のイメージづくりの助けとして活用してほしい。また，時間をかけずに復習したいときの助けとしてほしい。

　さらに，各章の最後に「確認問題」も掲載した。○×形式なので，章を読んだあとにぜひ「気軽に」試していただきたい。その章を読めば解ける内容になっている。そしてこれらは，実際に資格試験などに出題された問題に準ずる内容にしている。

　なお，本書の特徴の一つに「コラム」の掲載がある。各章に複数掲載し，豊富な内容にしたつもりである。コラムには下の3種類がある。

1. **問題研究**のコラム（試験問題を解く際のちょっとしたコツを紹介する。特定の科目でなく，むしろ複数科目を横断して共通にいえるようなテクニックを中心とする）
2. **研究紹介**のコラム（筆者によってなされた研究のうち，本書の内容に関係するものを随時紹介する）
3. **活動紹介**のコラム（本書の内容に関係ある活動をしている非営利組織を紹介する。本書の理解の助けになる）

　本書巻末には「索引」を用意した。単語から検索するときは，辞書のようにして本書を利用してほしい。

●本書の章編成

　本書では一つの章が一つの科目に対応するように編成されている。例えば，第1章は「児童福祉論」，第2章は「老人福祉論」である。この科目名は，通常の大学や短大，専門学校での講義名にも用いられている一般的なものである。

　第1章「児童福祉論」から第8章「社会福祉原論」までの8科目は，社会福祉系資格試験の科目に準じている。

　そして，これら8科目は，社会問題や世の中のしくみを知るにはもってこいである。分野でいえば，社会福祉系だけでも児童福祉，老人福祉，公的扶助，地域福祉，社会保障，社会福祉原論がある。さらにこれら社会福祉系以外にも，社会学や心理学が本書の重要な範囲である。ぜひともこうした領域をざっと読み流すことで，世の中の趨勢を把握していただきたい。

　なお，章の順序は便宜上定めたにすぎない。興味にしたがって好きな章から目にしていただきたい。

子どもと家庭への諸施策
―児童福祉論

キーワード

- 児童虐待防止法
- 児童相談所
- 児童養護施設
- 受容　健康診査
- 児童手当
- ネグレクト
- 立入調査
- 児童福祉施設最低基準
- 児童厚生施設
- 親支援

●はじめに

　現代の日本では，子どもや家庭をめぐる諸問題が人々の注目を集めている。いじめ，虐待，少年犯罪，親の子育て不安など，様々な局面で子どもたちは話題になっている。

　こうしたなか，子どもの問題は社会福祉でも大きな一分野を形成している。それは「児童福祉」と呼ばれ，社会福祉の専門家はもちろん，心理学，社会学，法学，小児科学，保育学など，各方面の専門家が実践・研究を重ねている。

　本章では，この児童福祉という領域について扱う。しかし，すべてのテーマを網羅し，詳細に解説するのが目的ではない。むしろ，勉強をこれから始める

読者にとって有益なスタートとなることを目的とする。そのため，資格試験で注目されているテーマに的をしぼる。それらこそが近年の児童福祉の重要事項だろうし，現代社会を読みとく鍵の一つのはずである。そして，福祉職に就く人には必要な知識だろう。暗記や固有名詞にこだわらずに，気軽に読み進めてほしい。

●児童虐待

では，この児童福祉という分野のなかで注目されているのはどんなテーマだろうか？

答えの一つは「児童虐待」である。これは現場の実践家や研究者，法律家や医師たちだけでなく，マスコミや行政も注目しているし，一般的な話題性も高い。[1~3]

◎虐待「3万件」の意味

ここでは，児童虐待がどんな状況にあるか，まずは統計を概観したい。しかし，数字を頭から丸暗記するような退屈な作業は必要ない。むしろ気軽にかまえ，自分のもつ知識やイメージと重ね，自然に印象に残していく方がいい。そうすることで，暗記以上に確固とした知識になっていくはずである。

まず，児童虐待は目に見えにくいものであることを知る必要がある。「昨年度，全国で何件生じた」といったわかりやすい統計には上がってこない。では，どうやって測るのだろうか？

それは「児童相談所への相談件数」である。一般的に政府（厚生労働省など）は，これを使用している。

ここ数年，虐待に関する相談件数は，年に3万件を超えていると公表されている（平成18年度は37,323件）。[4] 相談として届け出のない事件が多々あるだろうから，潜在的な件数はもっと多いだろう。しかし現状では，すべての虐待を見つけだす術はなく，この「相談件数」が現実に最も近いと判断されている。

3万件といえば、1年365日で割ると1日当たり約82件である。つまり、ここ数年、日本のどこかで1日80件以上の虐待が相談されている。これは少ない数字とはいえないだろう。

◎虐待には4種類ある

そもそも「虐待」とは何だろうか？　どんなことを虐待というのだろうか？　大方のイメージとしては、「小さな子どもに対し、父親がなぐる、ける」といったものかもしれない。はたしてこのイメージが、3万件以上の虐待のなかでどれほど典型なのだろうか。

どんな行為を虐待というかは、法律上の定めがある。「児童虐待防止法」（児童虐待の防止等に関する法律）の第2条である。同法は虐待について、次の4種類と規定している。

①身体的虐待
②性的虐待
③心理的虐待
④ネグレクト

まず「身体的虐待」は、われわれの多くのイメージと重なるかもしれないが、なぐる、けるなどが代表的である。身体的暴力ともいえる。

虐待はこれだけでなく、ほかにも3つある。「性的虐待」は、例えば女子が父親から性行為を求められるなど、性的意味あいをもっている。

「心理的虐待」は、罵声をあびる、ひどい言葉をあびせられるなど、直接の身体接触がなくとも、子どもがダメージを与えられる言説である。

最後に「ネグレクト」がある。これも虐待として重要視されている。英単語のneglect（＝無視する）の意味そのままだが、例えば、車のなかに放置される、食事を与えられずにいるなどがこの例である。子どもに十分なダメージを与えうる。

では、保育士国家試験（2004年「児童福祉」-11）で問われたことだが、

母親が4歳の男子に「お前なんか生まれてこなけりゃよかったんだ」と罵るのは、4つのうちどれに当たるだろうか？

そう，正解は「心理的虐待」である。

なお，実の母親による虐待の多さも統計上明らかになっている（**図1-1参照**）。

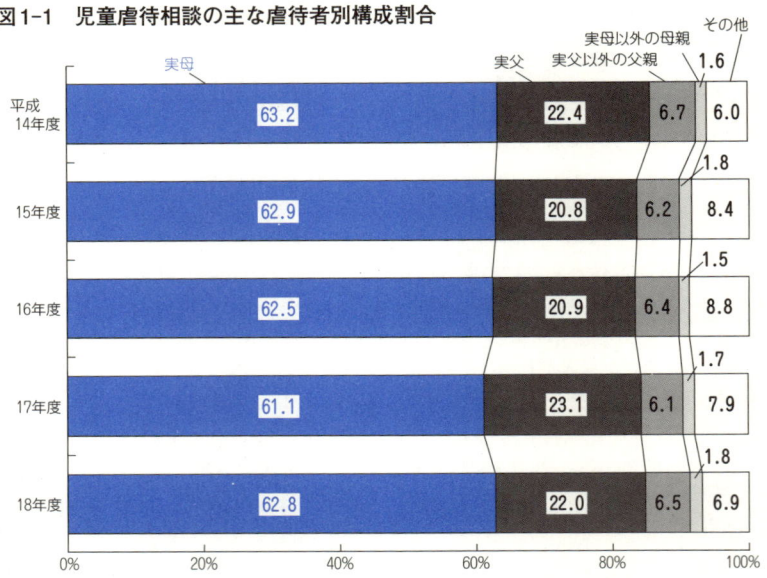

図1-1　児童虐待相談の主な虐待者別構成割合

資料：厚生労働省，「平成18年度社会福祉行政業務報告（福祉行政報告例）結果の概況」

◎過去の試験問題の例

ここで，資格試験で虐待について出題された例をみてみよう。例えば，過去の社会福祉士国家試験（**第13回-107**）で次のような出題があった。

> 児童相談所に寄せられた児童虐待に関して，4つの虐待（身体的虐待，性的虐待，心理的虐待，ネグレクト）のうち，どれがどのぐらいあったか。

という割合を問うものだった。

ここで重要なのは，それぞれの％を正確に暗記していることではない。「どれが多めで，どれが少なめか」というイメージをもっていることである。

逆に言えば，それぞれの％を暗記することは途方もない作業になる。なぜな

ら知っておくべき数値は，これに限らないし，児童福祉論だけに限らない。暗記しておくべき数値は，しぼってかからないと時間がいくらあっても足りない。

　先の問題に戻ろう。4種類のうち，どの虐待が最も多いとあなたは想像するだろうか？　現在入手可能な最新値（平成18年度）でいえば，最も多いのは「身体的虐待」である。これが実に半数近くを占める（41.1％）。続いて「ネグレクト」が多く38.4％，さらに「心理的虐待」で17.2％，最も少ないのは「性的虐待」が3.2％である**（図1-2参照）**。[4]

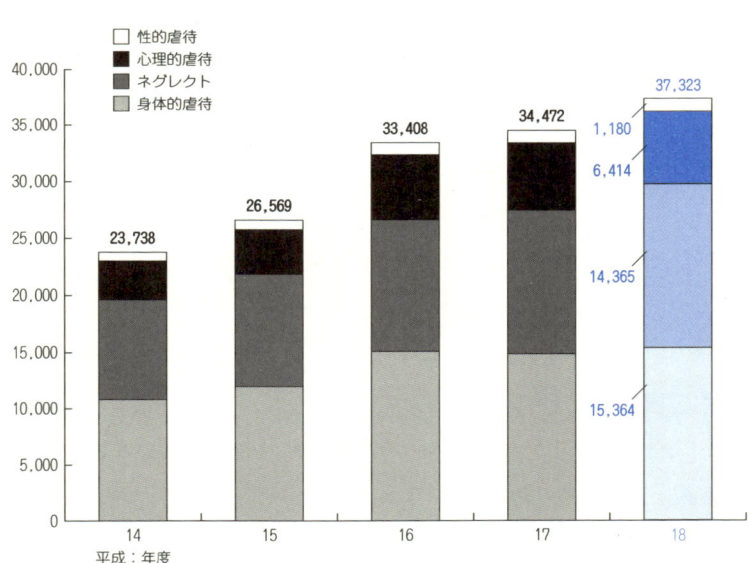

図1-2　児童虐待の相談種別対応件数

資料：厚生労働省，「平成18年度社会福祉行政業務報告（福祉行政報告例）結果の概況」

　この結果は，いってみれば，目に見えやすさの順序なのかもしれない。身体的暴力を受け，あざや傷などがあれば，第三者に発見されやすい。また，放っておかれた結果（ネグレクト），何らかの事件に発展すれば，人の目にふれることになる。

　しかし，性的虐待を受けていても，外部の人になかなか話せないものだろ

う。また心理的虐待については，子どもには，いま受けている行為が虐待なのかどうか，認識すらできないだろう。性的虐待あるいは心理的虐待の少なさは，それが見逃されやすいことと無関係ではない。潜在的にはもっと多いかもしれない可能性を十分に秘めている。

虐待の4類型

身体的虐待／ネグレクト／心理的虐待／性的虐待

◎虐待について

本章の目的は，児童福祉のいろいろな側面を詳細に網羅することではない。今後の学習に進むための手助けをすることである。そして，児童福祉論ではどんな話題が頻出なのか，どんな社会問題が重要なのか，イメージをしてもらうことにある。知らねばならない事項はまだ多々あるだろうが，児童虐待は極めて重要度が高い。

資格試験でも，虐待についての出題は頻繁である。具体的にいえば，社会福祉士国家試験のなかに「事例問題」というのがあるが，児童福祉論の「事例問題」では，毎年例外なく，児童虐待から出題されている（「**事例問題**」の実際は **p.19で紹介**）。それほどまでに重要なテーマである。

🔍 問題研究：「事例問題」とは？

　まだ過去問を見ていない人への解説だが，社会福祉士，介護福祉士，保育士の国家試験では「事例問題」が出題されている。事例を読ませ，それについて解答する問題である。

　出題形式としては，長めの文章が提示される。そこでたとえば「ある少年がこんな状態にあり，今度こういう施設に入所した。そこでこういう専門職のスタッフに会った」などの記述がなされる。そのうえで設問が出る。例えば「専門職として，ここでどんな対応が適当か」などである。一種のシミュレーションといえる。

　論旨の都合上，ここではなく，p.19に実際の事例問題を掲載したので，ご覧いただきたい。

　事例の長さや設問数は試験によって様々だが，社会福祉士では他に「老人福祉論」「障害者福祉論」など，介護福祉士では「社会福祉援助技術」「介護技術」など，保育士では「社会福祉」「児童福祉」「養護原理」などで出題されている。

　虐待のはらむ問題は，そのとき「かわいそう」であり，「子どもの人権侵害」なだけではない。のちへの影響も大きいと考えられる。議論の分かれるところかもしれないが，虐待がその後の人生にいかなる影響を残すかは，楽観視できない。親はそれほどまでに子どもに大きな影響を与えうることを，われわれは認識せねばならない。

小説「永遠の仔」

天童荒太著，発行・幻冬舎

これはＴＶドラマ（2000年，日本テレビ系）にもなった小説「永遠の仔」（天童荒太著，1999年，幻冬舎）のテーマだった。少年時代に四国の児童精神科病院に住んでいた３人の男女は，それぞれ親から虐待を受けていた。数十年後，成人して東京で再会する。だがそれぞれが心の傷を負ったまま，いくつかの事件に巻き込まれていく…というストーリーである。

●児童福祉の施設・サービス

虐待を受けた子どもたちは，どうやって「救われる」のだろうか？
相談を受け，内容が保護に値すると判断されたら，野放しにはされない。そのプロセスを本節ではみてみたい。これも各種試験の頻出事項である。また虐待に限らず，児童を保護する施設やサービスにどんなものがあるかもみてみたい。

◎児童相談所の仕事

虐待を受けていても，当の本人はほかの人に黙っているかもしれない。そういうケースのために「児童虐待防止法」の第５条がある。同条文は「……学校の教職員，児童福祉施設の職員，医師，保健師，弁護士その他児童の福祉に職務上関係のある者は，児童虐待を発見しやすい立場にあることを自覚し，児童虐待の早期発見に努めなければならない」とうたっている。つまり，子どもにかわって，まわりの大人たちが察知してあげる必要があるという。それが国家によって「法」として保障されている。この条文は，社会福祉士国家試験で出題されている（第15回-103，第17回-106）。

では，虐待を受けている可能性のある子どもを発見したら，どこに知らせればいいのだろうか？

答えの一つは「児童相談所」である。児童相談所は全国各地に所在する。東京都の例では，次の11か所である（表1-1参照）。関心があれば，あなたの住居の道府県についても調べてほしい。

表1-1　児童相談所の所在例（東京都）

児童相談所名	担当地域
児童相談センター	千代田区，中央区，港区，新宿区，文京区，台東区，渋谷区，豊島区，練馬区，島しょ
墨田児童相談所	墨田区，江東区，江戸川区，
品川児童相談所	品川区，目黒区，大田区
世田谷児童相談所	世田谷区，狛江市
杉並児童相談所	杉並区，中野区，武蔵野市，三鷹市
北児童相談所	北区，荒川区，板橋区
足立児童相談所	足立区，葛飾区
八王子児童相談所	八王子市，町田市，日野市
立川児童相談所	立川市，青梅市，昭島市，国立市，福生市，あきる野市，羽村市，西多摩郡
小平児童相談所	小平市，小金井市，東村山市，国分寺市，西東京市，東大和市，清瀬市，東久留米市，武蔵村山市
多摩児童相談所	多摩市，府中市，調布市，稲城市

　児童相談所の重要な職務の一つは，児童虐待について寄せられた相談に対応したり，その児童や家族への対応内容を決定したりすることである。ときには子どもだけ，あるいは親も交えて相談を行い，専門家とともに今後どうするかを検討する。必要ならば，児童の一時保護も行う。自宅に戻れない子どもを無事に保護するのも，児童相談所の重要な職務である。

　介護福祉士国家試験でも，この点が問われたことがある。次の記述の正誤を問う設問が出された（**第18回-5**）。

> 児童相談所は，その業務として，児童に関する相談，判定などの他に児童を一時保護する。

　この内容は正しい。一時保護するだけの設備もそろっている。
　家族（あるいは親）によっては虐待を認めず，平和的な話し合いに応じない例もある。そういうケースでは強行に家庭に立ち入る必要が出てくる。「児童福祉法」第28条と第29条によれば，虐待が行われているおそれがあると認

められるとき，児童相談所職員は，当該児童の住所または居所に強制的に立ち入ることができる。同様のくだりは「児童虐待防止法」第9条と第10条にもある。児童相談所のこうした「立入調査」は，まるで警察官の立ち入り捜査さながらである。

社会福祉の基幹を担うべき社会福祉士の仕事は，いかに法律の内容を知っているかという面もある。施設の仕組み，施設でできること，職員の職務範囲など，法律によって動かされているといってもよい。そのため，法律の理解を問う問題も，過去によく出題されてきた（社会福祉士国家試験の第15回-105など）。また社会福祉士だけでなく，こうした問題は保育士国家試験などでも出題されてきた（2005年「児童福祉」-11）。

なお，児童相談所は「相談所」という名前によってイメージされるような，「子どものもつ素朴な疑問や相談」に簡単に応じるところとは違うが，それはすでにおわかりかと思う。保育士国家試験でも示されたように，「児童相談所は，家庭その他からの相談のうち，専門的な知識及び技術を必要とするものに応じる」のが仕事である（2005年「児童福祉」-11）。

問題研究：法律に関する出題

本文で説明したように，法律内容をベースに，施設やそのサービス，専門職の職務範囲をたずねる出題は多い。これは児童福祉論に限ったことではない。

しかし，その内容が「どの法律」であるかを問う問題はあっても，それが「第何条」であるかと問う問題は，筆者の知るかぎりほぼない。法律専門職でないかぎりそれは賢明な問いではないことを，出題者側も心得ているように思う。その法律がどんなものを範囲にしているかをイメージすることが重要なのであって，細部にこだわりすぎる必要はないことの一つの現れであると思われる。

◎入所施設の例──児童養護施設

児童相談所の判断により，自宅にいない方がよいとみなされれば，その児童はいずれかの施設に入居することになる。そうした施設のすべての網羅的学習は今後していただくことにし，ここでは一つの施設「児童養護施設」に焦点を当てたい。

施設すべてを概観することがここでの目的ではない。例えば施設には，児童自立支援施設，知的障害児施設，児童家庭支援センターなど，たくさんある。しかし，「記憶の軸」とでもいうべきものは，各施設の概要を追ってできるものではない。むしろ一つの施設を十分なイメージで印象づけることで固められる。その知識を軸とし，ほかの施設についても比較しながら知識を深めていくことをお薦めする。

さて，一般的に児童福祉施設の設立・運営は「児童福祉施設最低基準」というものによって規定されている。児童養護施設も同様で，施設のあるべき姿がこの基準に定められている。

児童養護施設は，おおむね乳児から高校生までの年齢層が対象である。みながそこで暮らし，そこから学校に通う。入所の理由は様々で，親がいない子もいれば，親による児童虐待から避難するための子や，保護者の入院により自宅にいられなくなった子もいる。施設職員として，保育士や児童指導員などが働いている。

全国児童養護施設協議会によれば，児童養護施設は全国に約550か所あり，約3万人の児童が暮らしている（平成16年4月時点は555か所）。[5] 単純計算でイメージすれば，47都道府県で割ると，およそ640人の子どもたちが，あなたの都道府県でも児童養護施設で生活をしていることになる（もちろん都道府県で違いがある）。

資格試験では，例えば，児童養護施設の子どもたちに就学の義務があるかどうかの問題が出されている（答えは，義務教育を受ける義務が「ある」）(**社会福祉士国家試験の第18回-105**)。また，入居児童だけでなく，すでに施設を退所した子どもにも相談を行うべきか，自立のための援助を行うべきかなどをたずねる問題もあった(**社会福祉士国家試験の第18回-104**)。

確かに卒園後の子どもたちをどこまで面倒みるべきかは，現場スタッフにとって難しい問題である。これは2004（平成16）年の児童福祉法の改正で制度化されたことで，退所後の対応が施設の職務の一つとなった。入所中の子どもたちの対応に日々追われる施設職員からは「そこまで余裕がない」との声も聞かれるが，「当然の職務である」という声ももちろんある。

> **活動紹介：児童養護施設の子どもへの自立支援**
>
> 　児童養護施設の職員の奮闘ぶりは賞賛に値する。しかし，施設で育った子どもたちは，「施設の職員」という大人を見てはきたが，「親」という大人をあまり見ていない。自分の知る大人たちは，いつも自分たちの家（施設）におり，自分たちの養育をするのが本業である。いわば，家庭に日中いないサラリーマンの姿を知らない。
> 　その影響は生活のこまごましたところに出る。例えば，大人が電話の受け答えをするのを傍観する機会もない，いつも調理師が料理するので仕事から帰って料理するお母さんの手際を知らない，サラリーマンの生活のサイクルを知らない，などなど。これはもちろん子どもたちに非があるわけではない。また，施設に非があるのでもない。施設職員はその日，その瞬間に真剣である。
> 　そうした隙間を補うべく，奮闘するＮＰＯがある。ブリッジ・フォー・スマイル（所在地・東京；代表・林恵子）という社会人ボランティア中心のグループである。当NPOは，東京近郊の児童養護施設に入居する高校生らを対象に，社会人としての生活を身につけてもらおうと，セミナーや個別サポートを中心に活動している。挑戦は始まったばかりだが，こうした取り組みは今後も注目される。
>
> ホームページ：http://www.b4s.jp/blog/archives/top/1/

　保育士の国家試験でも児童養護施設のことは出題されている。ただし「児童福祉」という科目よりも，別の科目「養護原理」にてよく出題されている。いずれにせよ重要事項であることに間違いはない。

　例えば，施設で暮らす児童の援助について，次のような記述が出された（2006年「養護原理」-6）。

> 　児童の日課は，適切な睡眠，食事，学校など規則正しい生活リズムを作ることが大切であるので，児童の意見を聞きながら専門性を備えた職員が作るべきである。

　これは施設の様子をよく描いている。児童だけでもなく，職員だけでもなく，両者がともに適切な日課を作成する必要がある。

●専門家としての対応

　専門家として児童に接するには、コミュニケーションの仕方で注意せねばならないことがある。
　資格試験でいえば、それは「事例問題」で中心的に扱われており、自分がその立場でどうふるまうのが適切か、問われる問題が出されている。現場の経験がまるでなくとも安心してよい。イメージさえつかんでしまえば十分に得点源になりうる。
　ここでは、事例問題を用いて、専門家として児童やその家族などにどう接したらよいか、イメージしてみたい。
　こうしたコミュニケーションの仕方を知るのは、児童福祉に役立つだけではない。高齢者福祉や障害者福祉などにも活用できる。
　第15回社会福祉士国家試験（**問題108～110**）では次のような事例問題が出された。

<u>　Ａ児童養護施設には、保育所と児童家庭支援センター（以下、センターという。）が併設されている。保育所では週２回、午前中に地域の子育て家庭のための育児グループを実施している。ある日、Ｂ男（３歳）の手を引いた母親Ｃさんが育児グループに参加してきたが、そのときＣさんは思いつめた表情をしていた。心配した保育士が、センターのＤ相談員を紹介した。Ｄ相談員は社会福祉士の資格を有している。
　Ｄ相談員は早速面接室に母親を案内し、対応した。</u>
（問題は続く）

　これが問題文の最初の４分の１ほどに当たる。ここまで読んだ時点で設問が一つある（**問題108**）。設問は「あなた（Ｄ相談員）が面接室で母親Ｃさんにとるべき最初の対応」についてである。専門家としてどう対応したらよいと思うだろうか？

選択肢として次のものがあった。

まず，児童相談所に通告し，Ｃさんと児童相談所に同行する。

どうだろうか？
　一見間違っていないようにもみえるが，しかし，これは勇み足である。児童相談所に通告するかどうかは，Ｃさんからそれなりの内容を聞き出してからでないと判断できない。つまり，必要な情報を収集することに欠いている。
　別の選択肢として，

Ｃさんの気持ちを受け入れ，Ｃさんの行動を支援する。

というのがあった。これは先の質問と本質的に違う。
　つまりＣさんを「受容」している点で評価できる。さらに，「Ｃさんを支援する」という行為は，相談援助に重要な要素の一つ「自己決定への援助」に合っている。クライエントの意向を尊重している。
　この設問の選択肢にはなかったが，よくある選択肢に「Ｃさんに思いつめるとよくないと励ます」あるいは「Ｃさんがもっと迅速に対応すべきだった旨を告げる」などがある。これらはどうだろうか？
　せっかくだが間違いである。その時点でのＣさんのありのままを受容すべきであって，非を唱えたり，反省を促したりするのは，たとえ善意に満ちているようでも，専門家として適切な行為ではない。当人の意向と別方向に仕向けるべきでない。
　このような形式で事例問題は出題されている。意外にもシンプルではないだろうか。ようするに，最初の選択肢のように「勇み足」でないかが重要である。よくあるひっかけ問題に「望ましい行動にみえて，まだその時期ではない」ことがある。
　そしてもう一つのポイントは，感情や行為の押しつけをしていないか，である。批判していないか，本人の意向を尊重しているか，である。教科書的な言い回しでは，「受容」や「自己決定への援助」というキーワードで表現される。

この2つの原則「急ぎすぎず」「押しつけず」で、基本的には正解にたどりつけるはずである。

バイステックという研究者によって提唱された「バイステックの七つの原則」がある。[6] これは前述の事項と重なる。非常に著名であり、介護福祉士（第18回-28）や保育士（2004年「社会福祉」-14）の国家試験でも出題されている。

●大多数を対象とした児童福祉

本章は、これまで児童虐待とそれに関係する事項を中心に論を進めてきた。しかし「児童福祉」の範囲はこれだけではない。いわゆる「要保護児童」だけが対象ではない。

大多数の子どもやその保護者を対象とした諸制度も、児童福祉論の範囲になっている。それを次に概観したい。あらたに学ぶというより、これまで利用してきたもの、あるいは知っているような制度が、意外に多いのではないだろうか。自分の記憶やイメージと重ねて理解するとよい。

◎健康を管理する―健診

まず、小さい年齢の子どもを対象にした健康診査（健診）がある。「母子保健法」第12条によって、市町村は、1歳6か月から2歳になる前の子どもに対して、さらに3歳の子どもに対して、（親も含めた）健診を実施せねばならない。この2つの時期に健診をすることの意義は、身体障害や発達の遅れなどを早期発見することができること、食事や排泄などの指導を親にするのに適した時期であること、などが挙げられている。児童福祉はこうした「母子保健」という領域も範疇にしている（社会福祉士国家試験の第16回-104）。

◎遊び場―児童厚生施設

もう少し上の年齢の子どもを対象にすると、「児童館」や「児童遊園」も児童福祉の一部である。両者は「児童厚生施設」と呼ばれ、「児童福祉法」第40

条に基づいて設置されている。特に児童遊園は，ブランコなどの遊具が設置されたもので，どこにでもある遊び場のようにみえるが，きちんと法に規定されていることは意外かもしれない。国家試験にも出題されるような存在であるとは，あまり考えたことがないのではないだろうか（社会福祉士国家試験の第13回-104）。

なお，ご存知のように，小学校や中学校は文部科学省の管轄である。厚生労働省管轄の資格試験に出題されるかというと，学校制度の仕組みや施設や職員に関する基準などは，ほとんど出題されない。それよりも，学校以外の部分での福祉事項，例えば就業前や放課後などの子どもの生活（つまり児童厚生施設など）が児童福祉論の対象となる。児童館や児童遊園はその一部である。

子どもの遊び場の児童遊園

◎経済的な援助―児童手当

少子化が進展する現代日本において，子どもをもつこと，子育てをすることは成人男女にとって大きな挑戦である。子どもをもつことのデメリットとしてよく挙げられるのは，経済的問題である。つまり子育てに経済的負担がかかることが問題視される。[7]

この現状を緩和すべく実施されている制度が「児童手当」である。これは，

児童を養育する保護者に，金銭が給付されるものであり，「児童手当法」という法律に基づいている。これによって，子どもを養育することの経済的負担を軽減させようとする。

所得制限や金額など，詳しくは今後の学習で学んでほしい。ここでは，その変革を取り上げたい。すなわち，1972（昭和47）年に同法が施行された当初は，第3子以降しか手当の対象でなかった。しかし現在では，第1子からすべて対象となっている。これは大きな変革である。

対象年齢も変革しており，当初は小学校に上がる前までの給付だった。しかし，現在では小学校6年生まで対象になっている。まさに少子化の進展とともに変わり続けてきた制度である。

◎親支援

児童福祉には，子ども対象だけでなく，親を対象にする「家庭福祉」，あるいは「親支援」という側面もある。[8～10] 前述の児童手当もその一種と考えられるし，また，健診や児童厚生施設といった制度の充実も，結局は子ども当人のためだけでなく，親にとっての子育て支援や就業支援でもある。そのため，これらが「家庭福祉」あるいは「親支援」という領域として語られることもある。

研究紹介：親をいかにきたえるか

親になるには，免許もいらない，研修もいらない。子育てをしながら「走りながら学ぶ」。しかし学ぶにしても，不確かな情報も氾濫しているし，マスコミや自分の身のまわりから経験則を伝え聞くが関の山。すると，自分のしていることに確信がもてなくなる…。

こうした状況に対し，「親力」（あるいは親業などといった言葉で表現されるスキル）の向上を目指そうという動きがある。行政による講座や教室も実施されている。

米国，カナダ，オーストラリアなどではペアレンティング（parenting）と呼ばれ，このスキルを鍛える公的プログラムがある。そして，個々人のプログラム参加の効果が数量的に測定されている。

日本では民間の講座や教室はともかく，「親力」になかなか公的に行政が介入できないのが実情かもしれない。「口を出すべき領域ではない」という風潮があるのは否めない。

また，簡単に効果を期待するのは難しいなどとみられかねない。欧米の政府の方が，

よりテクニカルにとらえ,「伸ばせるスキル」として実践しているようにみえる。
　子育て不安がさけばれる現在,日本でもそうした効果を客観的に出せるような実践が必要かもしれない。

文献：斎藤嘉孝,「日本の「ペアレンティング」講座：子どもを持つ親に対する行政の取組み」『家庭教育研究所紀要』10(1)：71-78, 2005.

●おわりに

　本章の題名は「子どもと家庭への諸施策」である。筆者なりの意図として,児童の諸問題は子どもたち本人だけの問題ではなく,家庭や親の要因や責任によるところが無視できないとの見解である。

　これは「親支援」の節で記したこととも関係する。直接の対象あるいは被害者である子どもたちに対して「福祉」の実践や研究が必要なのは当然であり,これからもなされるべきだが,根本的なところにどれだけメスを入れているだろうか。それをあえて言いたいがために「家庭」や「親」にこだわったところがある。親をどう支援すべきなのか,親はどうあるべきなのか。親への対応によって,もっと早めに問題の芽をつむことができないだろうか。それを問題提起したい。

　例えば,確かに虐待を行う親に対しての経済状態への支援は,貧困対策あるいは失業対策の一環でなされている。[11] また事が起これば,親も対象にする「家族療法」などが実施されている（**本書「心理学」の章を参照**）。もちろんそれらの取り組みを否定するのではない。

　児童福祉の学習をするにも,各種試験を受けるにも,普通は親への予防的対策についてあまり意識を払わずともこなしていける。より重要なのは「児童当人」たちへの対応のようである。しかし,根本的な問題であるべき「親への予防的対策」には,力点が薄かったように思える。この点を本章の最後にひと言申し添えておきたい。

問題研究：法改正と児童家庭福祉への注目

　社会福祉士や介護福祉士のあり方を規定する根拠法である「社会福祉士及び介護福祉士法」が，2007（平成19）年11月に改正された。それを受け，2009（平成21）年度より，大学等での教育カリキュラムも変更を余儀なくされる。科目名称の変更をはじめ，科目内容も影響を受けることになる。

　同時に，国家試験の内容も影響を受ける。実際には，2009年度1月に実施される試験から，法改正が反映されるといわれる。

　その一環として，児童福祉論も影響を受ける。内容は，従来の傾向と比べて「児童家庭福祉論」に近くなるといわれている。本章でも論じているように，従来はその社会的重要性とは反対に，国家試験で「親」や「家庭」に関する福祉事項がほとんど重視されてこなかった。今回のカリキュラム改正は，それが変更される可能性を含んでおり，筆者なりには望ましい方向だと考えている。

　即座に国試の内容に大きく反映されるかどうかは別として，受験生は「児童福祉」とともに「家庭福祉」という側面も意識しておく必要がある。

【確認問題】次の記述文の正誤を答えなさい。

□□①児童虐待のうち最も児童相談所への相談件数が多いのは，性的虐待である。

□□②児童福祉施設の職員は，虐待の疑いのある家庭に強制立入調査をすることができる。

□□③児童養護施設における入所対象者は，親が不在の18歳までの子どもである。

□□④児童福祉法により，健診は1歳6か月から2歳になる前の子ども，および3歳児を対象として，市町村によって行われる。

□□⑤児童手当は，現在では小学校6年生の年度末までを対象に給付される。

【確認問題の解答】

① ×（身体的虐待が最も多い） ② ×（児童福祉施設ではなく児童相談所） ③ ×（親が不在とはかぎらない） ④ ×（児童福祉法ではなく母子保健法） ⑤ ○

【文献】

1) 山田秀雄編著，『Q&A ドメスティック・バイオレンス法 児童虐待防止法 解説』三省堂，2001.
2) 浅井春夫編著，『子ども虐待シンドローム—養護施設から日本の現状がみえる』恒友出版，1995.
3) 池田由子，『児童虐待—ゆがんだ親子関係』中央公論社，1987.
4) 厚生労働省，「平成18年度社会福祉行政業務報告（福祉行政報告例）結果の概況」
5) 社会福祉法人全国社会福祉協議会，全国児童養護施設協議会ホームページ
   http://www.zenyokyo.gr.jp/index.htm
6) バイステック，F.P.，尾崎新・原田和幸・福田俊子訳『ケースワークの原則—援助関係を形成する技法・新訳改訂版』誠信書房，2006.
7) 島崎謙治，「"子育て世帯の社会保障"の意義と本書の構成」，国立社会保障・人口問題研究所編『子育て世帯の社会保障』東京大学出版会，2005.
8) 柏女霊峰，山縣文治編，『家族援助論』ミネルヴァ書房，2002.
9) 高橋重宏，山縣文治，才村純編，『子ども家庭福祉とソーシャルワーク』有斐閣，2002.
10) 吉田恒雄，「児童福祉法の改正と要保護児童施策」，平湯真人編『施設でくらす子どもたち』明石書店：175-218，1987.
11) 堀場純矢，「施設で暮らす子どもと親の生活破綻を防ぐ対策」，長谷川眞人，堀場純矢編著『児童養護施設と子どもの生活問題』三学出版：161-179，2005.

高齢者の生活と介護
―老人福祉論

キーワード

- 老老介護
- 介護保険
- 介護認定審査会
- 保険者
- 高年齢者雇用安定法
- 老人保健法

- 高齢者虐待
- 行政措置
- 要介護・要支援
- 第1号・第2号被保険者
- エンパワーメント
- 老人福祉法

●はじめに

　現在，日本社会では高齢化率が20％を超え，世界にも類のない高齢化が進展している。重大な社会問題の一つに「高齢者問題」を挙げるのを否定する人はいないだろう。高齢者の身近な生活上の問題から財政問題まで，それは社会の隅々まで浸透している。

　「老人福祉論」と聞くと，何となく科目の内容はわかりそうな気がする。児童福祉が子どもを扱う福祉であるように，扱う対象ははっきりしているようにみえる。つまり高齢者に関係した事項を扱う福祉だろうとイメージできる。

しかし、具体的に資格試験などで注目されているのはどんな事項だろうか？

高齢者の毎日の生活なのか、地域活動なのか、社会制度なのか、あるいは高齢者施設なのか。この科目の対象になりそうな話題はたくさんある。

老人福祉論で近年注目されている事項は比較的しぼることができる。本章ではそれらを中心に解説したい。初学者としては、まず注目の集まっている事項を意識してほしい。

●高齢者の生活

高齢者福祉に関してコンスタントに注目されていることの一つは、高齢者の生活のありようである。[1,2] そして、趨勢としてそれを統計的に知ることである。高齢化の進んだ日本で生活するうえで、決してムダな知識とはならない。何となくもっていたイメージを、事実に基づいた知識に「昇格」させることもできる。

なお統計的な事実をみる際、丸暗記する必要はない。自分の知っている知識や体験と結びつけてイメージするとよい。そうすれば、ただ暗記するより、無理なく、しかも自分のなかに強固に残ることになる。

◎高齢者の家族形態

まず基本的な統計として押さえておきたいのは、高齢者に関わる家族形態である。介護福祉士国家試験で出題された事項を見てみたい（第18回-9）。

全世帯のうち高齢者（65歳以上の者）のいる世帯は、何割ぐらいになるか、想像できるだろうか？

正解は4割弱である。つまり、半分近くの世帯に高齢者がいる。あなたは、同年代の家族を見回して、それを実感できるだろうか。

そこで次に、高齢者のいる世帯だけを考えてほしい。大きく3種類の高齢者世帯があるのだが、次の高齢者世帯のうち、どのタイプが最も多いだろうか？

　　①一人暮らし（単独世帯）
　　②子どもや孫とも同居（三世代世帯）

③夫婦のみ（配偶者と2人）

この知識を問う設問は，資格試験で出題された（社会福祉士国家試験の第15回-86など）。

一番多いのは「③夫婦のみ」である。このタイプが3割いるといわれている（厚生労働省「平成18年国民生活基礎調査の概況」）。[3] ほかの2形態は同程度だが（どちらも2割強），①は増えているのに対し，②は減っている。最近の家族形態を象徴している（図2-1参照）。

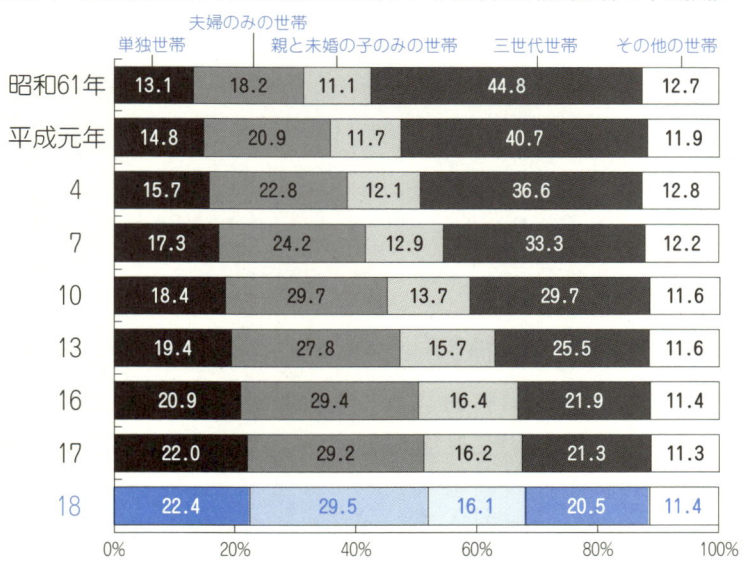

図2-1　世帯構造別にみた65歳以上の者のいる世帯数の構成割合の年次推移

年	単独世帯	夫婦のみの世帯	親と未婚の子のみの世帯	三世代世帯	その他の世帯
昭和61年	13.1	18.2	11.1	44.8	12.7
平成元年	14.8	20.9	11.7	40.7	11.9
4	15.7	22.8	12.1	36.6	12.8
7	17.3	24.2	12.9	33.3	12.2
10	18.4	29.7	13.7	29.7	11.6
13	19.4	27.8	15.7	25.5	11.6
16	20.9	29.4	16.4	21.9	11.4
17	22.0	29.2	16.2	21.3	11.3
18	22.4	29.5	16.1	20.5	11.4

注：平成7年の数値は，兵庫県を除いたものである。
資料：厚生労働省，「平成18年国民生活基礎調査の概況」

近年，一人暮らしの高齢者が孤独死するなど，メディアで取り上げられたりしている。また，核家族化が進み，祖父母と孫の同居が減っているとも伝えられている。夫婦のみで生活し，片方がもう片方を介護するケースも多いといわれている（いわゆる老老介護）。確かにそれらが進展しているのは，統計をみても間違いないようだ。

なお，高齢者世帯が4割もいないように思える実感はやむをえない。前述にあるように，多くの高齢者が高齢者同士か，あるいは独居で生活しているため

である。目に触れない高齢者世帯は大勢いるのである。

> ### 研究紹介：誰に介護してほしいか？
>
> 高齢者が要介護状態になったとき，「誰に介護をしてもらうか」は重要な問題である。誰を望むかの希望が，男女で異なることが，大都市近辺のデータ分析によって明らかになった。
>
> 高齢男性は高齢女性に比べ，「配偶者」を選ぶ傾向にあった。一方，高齢女性は「子ども」や「その配偶者」を望む傾向にあった。そして，ホームヘルパーなどの「専門職」を望む声は，男女で有意な差がみられなかった。
>
> 同じデータによる別の分析によれば，男性は現役時代から家族との仲が女性と比べ，やや希薄であることも見出された。こうした何十年にもわたる関係性の蓄積が，たとえ高齢者になり介護が必要になっても，男性が安易に家族の世話をえがたい温床になっているのかもしれない。逆にいえば，高齢女性は，子どもやその配偶者との関係づくりに比較的長けているのかもしれない。
>
> 文献：植村尚史・斎藤嘉孝，「都市近郊在住高齢者の生活スタイルと介護需要」『介護サービスと世帯・地域との関係に関する実証研究』厚生労働科学研究研究費補助金・政策科学推進研究事業（代表：白波瀬佐和子）：117-129，2005．

◎高齢者の疾病（死亡原因）

あなたは日本の高齢者の最も死亡率が高い疾病は何か，ご存知だろうか？

このような高齢者の疾病に関する問題が，資格試験で出題された（**社会福祉士国家試験の第16回-81**）。

ちなみに，この場合の死亡率とは，単純に「それが原因で亡くなった人数」ととらえてよい。

正解は「悪性新生物」，つまり腫瘍，がんなどが約3分の1である。次いで「心疾患」，そして「脳血管疾患」の順となっている（厚生労働省「人口動態統計」・平成19年4月分）。[4]

この順序は，日本人の若年層も含めた死亡理由と違わない。高齢者は救急車などで運ばれ，心疾患や脳血管疾患が多いようにイメージする人もいるかもしれないが，むしろがんの方が死亡率は高い。これは若年層と変わらない。

こうした知識は社会福祉士や介護福祉士の国家試験の科目でいう「医学一般」とも重なる事項なので，知っておくと便利である。

◎高齢者虐待

　今後調査研究がもっと進んだり，制度が整えられたりするにつれて，資格試験で取り上げられる可能性が高いトピックがある。それは「高齢者虐待」である。[5]

　児童虐待などと比べても，確立した概念整備や制度発展に多少遅れをとってきた。厚生労働省も2003（平成15）年から調査を始めたものの，まだ実証的な蓄積として長いわけではない。「高齢者虐待防止法」が施行されたのも2006（平成18）年であり，「児童虐待の防止等に関する法律」（2000年施行）より遅れていた。

　しかし，資格試験で高齢者虐待が取り上げられたこともある（**社会福祉士国家試験の第16回-82など**）。それは調査結果による統計的趨勢を問うたもので，例えば虐待被害者の年齢を聞いていた。

　あなたは，虐待を受ける高齢者の年齢として，前期高齢者（65～74歳）と後期高齢者（75歳以上）の，どちらが人数的に多いとイメージするだろうか？

　正解は，後期高齢者である。調査によれば，高齢になるほど虐待の対象になりやすいことがわかっている。その原因は，認知症などにより家族側のストレスが高くなること，そして高齢者側が抵抗できるほどの体力やコミュニケーション力をもたなくなることなどに求められよう。

　別の設問は「加害者には誰が多いか」を問うものだった。次に3つの選択肢を挙げるが，このうちどれが最も加害者として高齢者に虐待を行っているだろうか？

　　①配偶者
　　②息子
　　③息子の配偶者

　正解は「②息子」である。次いで「③息子の配偶者」，そして「①配偶者」の順である。家事に慣れていない中年男性は少なくない。そのため，介護によるストレスはその妻（③）よりも，息子にたまりやすいことが想像される（財団法人医療経済研究・社会保険福祉協会　医療経済研究機構による平成14～15年調査の「家庭内における高齢者虐待に関する調査」より）。

「ヘルプマン！」というマンガをご存知だろうか（くさか里樹著，発行・講談社）。ホームヘルパーの若者が奮闘するストーリーだが，そこに高齢者虐待のシナリオが登場する。

ヘルプマン！

©くさか里樹／講談社

加害者は前述の通り，息子（中年）である。それまで企業勤めをしていたため，家事や身のまわりの世話に慣れていない。しかし，社会人経験のためにプライドは高く，介護など簡単だと思ってやまない。一方，介護を受ける高齢者（父親）もなかなか素直になれず，息子といがみあってしまう。そのあげくが息子による虐待…ということである。

このケースがもちろんすべてではないが，一つの典型をうまく描いている。

介護福祉士国家試験（第16回-43）では，高齢者虐待の予防と対応について，次の記述があった。

　誰もが犯しやすい身近な問題として，多くの人々の理解と関心を促し，虐待の芽を早い段階で摘みとる必要がある。

まさにその通りで，けっして例外的な狂気の沙汰が引き起こすのではない。いつ自分の身に降りかかってもおかしくないという当事者意識が必要である。

◎統計をみるおもしろさ

　統計をみることは，やり方によっては楽しい作業になる。その数字にまつわるストーリーをイメージするのは，意外に楽しい。単なる暗記事項と思ってしまうのはもったいない。

　また，統計をながめていると，自分の感覚と異なる意外な事実の1つや2つはあるものだと思う。それを自分なりにストーリー化し，イメージをふくらませるのも楽しい。

　さらに，統計的事実を知ることは社会の全体像を俯瞰することでもある。福祉現場では，多かれ少なかれ，目前の日常事にとらわれがちになるだろう。しかし自分の現場を一歩離れて，少しでも俯瞰してながめることは，ときに必要である。目前のケースが全国でも困難で珍しいことなのか，それともよくあることで，みな切り抜けているのか。そうした大局のなかで自分をイメージできるだけでも，違うはずである。

研究紹介：高齢者の情報機器利用について

　高齢者の生活を，統計データを通してみる経験はあまりないかもしれない。例えば，最近の情報機器について，高齢者がどのぐらい所有し，どういった利用をしているのか，データとして把握する機会は少ないのではないだろうか。

　首都圏近郊の高齢者を対象にした2004（平成16）年の調査によれば，次のような結果が出た。まず高齢者のうち，98％が固定電話を所有し，34％が携帯電話を所有している。明らかに固定電話の方が所有率は高い。

　だが使用頻度をみると，そうともいえない。固定電話は週1回以上使用する人が63％だが，携帯電話を週1回以上使用するのは60％である。つまり，所有すれば携帯電話でも，ある程度使いこなしているのが，高齢者の実の姿である。

　また連絡相手（誰と話すか）は，どちらの電話でも，圧倒的に「別居子」と「友人・知人」である（おおむね52～59％の幅）。しかし「孫」との通信はとても少なく，携帯電話で5％，固定電話で12％しかない。つまり，マスコミなどで孫と通信する姿をみるが，あれはまだ十分に典型的なケースとは言いがたいことがわかる。

　統計は，自分のイメージを修正したり確信をもったりするのに，とても便利である。

文献：斎藤嘉孝,「高齢者による情報コミュニケーション機器の利用実態─情報行動論からみた政策的示唆」『情報通信学会誌』24(3)：47-54, 2007.

●介護保険

「老人福祉論」の別の力点は，介護にもある。介護をどう行うかといった技術論は，資格試験の科目でいえば「社会福祉援助技術」または「介護概論」などで中心的に扱われる。

むしろ老人福祉論では介護の制度的な話を扱う。特に「介護保険」についてである。

高齢者福祉の現場で働く人は，当然，介護保険の仕組みを知っているべきだろう。また現場で働いていなくとも，いつ自分の親や親族が介護保険の世話になるかわからない。いずれにせよ介護保険の基本を知っておくことは今後のプラスになると考えてよい。

そもそも，介護保険という制度は当たり前のものなのだろうか。つまり，どこの国にもあるのだろうか。

日本にあるからといってほかのどの国にもあるわけではない。むしろ介護保険を導入している国の方が少ない。具体的には，ドイツ，オランダなどが導入している（2008年時点）。おとなりの韓国も，2009年から始める予定である。

こうみると，日本が介護保険に着手したのは世界でも先進的である。韓国はよい面も悪い面も含めて日本のやり方を学んでいる。日本の介護保険の行く末は日本だけの問題でなく，今後，ほかの国がどうするかにも影響を与えるといえる。

次節以降で，介護保険とはどんな制度なのか，介護保険のどんなところがよいのか（悪いのか）などを紹介したい。ただし，本書を貫くスタンスとして，すべての詳細を描くことを目的としていない。むしろこれから学習を始める読者に，その概要を少しでもイメージしてほしい。

◎介護保険のメリット

　まず，何のメリットがあって，「介護」という行為を保険の対象にしたのだろうか？

　介護保険ができる前の日本では，介護（つまり他者にしてもらう身のまわりの世話）を受ける高齢者本人には，選択の余地がなかった。つまり，どこの施設のどんなサービスを受けるか，どこに入所するかなど，すべて行政に決定権があった（これを行政による「措置」という）。

　しかし，それでは高齢者の本当のニーズに応えられない。そこで，新たな制度を実施する必要性が意識された。

　そこで出された案が，介護サービスの個別化である。それぞれの介護行為を別個の給付対象にし，個々の高齢者のニーズに合わせた介護の提供プランが作られ，個別に「契約」するようになった。

　例えば，Aさんは自力で歩くこともできないし認知症も進んでいる，しかし，Bさんは認知症の進展はなく，肢体にやや不自由を感じる程度である。この2人を同一に扱うのは無理がある。そのため別個のサービスを購入することが必要であり，別個にプランを作成する必要がある。当然のことに聞こえるかもしれないが，これは介護保険が可能にしたことである。

　要するに，以前は「行政主導」だったのが，介護保険によって「利用者主導」になったともいえる。既出の言葉でいえば「措置」から「契約」になった。いわゆる「よりよい高齢者福祉の実践」に近づくために，介護保険が始められたといっても過言ではない。介護保険によって，高齢者が主体的にサービス内容を選べるようになった。これが大きなメリットである。

　保育士国家試験でもこの点は出題されている（2006年「社会福祉」-12）。次の文章の正誤を問う問題だった。

> 介護保険法が平成12年から施行され，都道府県が実施主体となり，サービス利用は措置方式から契約方式に変わり，ケアマネジメントの手法が導入された。

　まさに本書既出の表現が使われている。しかし，この選択肢は誤りである。

実施主体は都道府県ではなく「市町村」である。それを次節で概観してみよう。

◎介護保険の審査

介護保険は，誰でも保険対象になるわけではない。高齢者Aさんがいるとしよう。Aさんが保険対象になるには，まず市町村に申請を行う必要がある（正確にいえば，Aさんの家族，あるいはそれ以外も申請できる）。

その申請に基づき，市町村ごとの専門家ら（保健・医療・福祉の各領域から構成される）によって審査が行われる。これを「介護認定審査会」という。この審査会で「Aさんは介護の必要がある」と認定されれば，Aさんは保険対象になる。

ただし，保険対象になったといっても要介護・要支援あわせて「7段階」ある。つまり，同じ「認定された」といっても，Aさんと別の高齢者の保険内容が同じとはかぎらない。

介護が最も重度に必要とされるのは「要介護5」という段階である。以降だ

表2-1 要支援・要介護の段階

		身体の状態（例）
要支援	1	**要介護状態とは認められないが，社会的支援を必要とする状態** 食事や排泄などはほとんどひとりでできるが，立ち上がりや片足での立位保持などの動作に何らかの支えを必要とすることがある。入浴や掃除など，日常生活の一部に見守りや手助けが必要な場合がある。
	2	**生活の一部について部分的に介護を必要とする状態** 食事や排泄はほとんどひとりでできるが，時々介助が必要な場合がある。立ち上がりや歩行などに不安定さが見られることが多い。問題行動や理解の低下が見られることがある。
要介護	1	この状態に該当する人のうち，適切な介護予防サービスの利用により，状態の維持や，改善が見込まれる人については要支援2と認定される。
	2	**軽度の介護を必要とする状態** 食事や排泄に何らかの介助を必要とすることがある。立ち上がりや片足での立位保持，歩行などに何らかの支えが必要。洋服の着脱は何とかできる。物忘れや直前の行動の理解の一部に低下がみられる。
	3	**中等度の介護を必要とする状態** 食事や排泄に一部介助が必要。立ち上がりや片足での立位保持などがひとりでできない。入浴や洋服の着脱などに全面的な介助が必要。いくつかの問題行動や理解の低下がみられる。
	4	**重度の介護を必要とする状態** 食事にときどき介助が必要で，排泄，入浴，衣服の着脱には全面的な介助が必要。立ち上がりや両足での立位保持がひとりではほとんどできない。多くの問題行動や全般的な理解の低下がみられることがある。
	5	**最重度の介護を必要とする状態** 食事や排泄がひとりでできないなど，日常生活を遂行する能力は著しく低下している。歩行や両足での立位保持はほとんどできない。意思の伝達がほとんどできない場合が多い。

出典：（財）生命保険文化センターホームページを筆者改

んだん介護の必要度が下がり，要介護4から要介護1まで分かれている。

さらに，「介護」まで必要ないものの，他者からの「支援」が必要という段階がある。それは「要支援2」と「要支援1」と呼ばれる段階である。これらはあわせて7段階ある（表2-1参照）。

Aさんはこの7つのうち，どれか1つに当てはめられる。これが世に言う，例えば「〇〇さんは要支援1」とか「××さんは要介護3」ということである。そして，段階に応じた介護サービスが提供される。サービスの選択肢のなかから，自ら，あるいは家族によって，またはケアマネジャー（介護支援専門員，通称はケアマネ）によって，自分に最適と思われるプランが作成される。

◎介護保険の対象者

介護保険における市町村の役割は，保険サービスの給付・提供である。そのため「保険者」と呼ばれる。

一方，高齢者は「給付される側」であるため，「被保険者」と呼ばれる。しかし，「被保険者」としての条件はただ「高齢者であること」ではない。

介護保険の対象となる人は2種類いる。一つは文字通り高齢者で「65歳以上」の者である。このタイプを「第1号被保険者」という。

もう一つは，65歳になる前に対象になる人である。年齢でいえば「40歳以上65歳未満」である。若年性の認知症や中年世代の脳卒中などが昨今話題になっているが，いまや介護が必要なのは高齢者に限らない。そのため，40歳になれば介護保険の対象になる。このタイプを「第2号被保険者」という。

しかし，第1号と第2号は細部で異なっている。例えば，第2号はまだ労働ができる年齢とみなされることから，そう簡単には対象になれない。限られた特定の16種類の疾患のみが第2号の対象である（どれも加齢に伴って生じるものに限る）。

> ## 問題研究：老人福祉論の事例問題
>
> 老人福祉論の事例問題の多くは、新たな局面を迎えた事例が多い。例えば「今まで普通の生活をしていたが、何かが違ってきた（例えば認知症になった）」、あるいは「今までこの程度の認知症の症状だったのが、だんだん悪化してきた」といった事例である。
> そして家族形態としては、たいてい「老老介護」、つまり高齢者が自分の配偶者を介護するケースが多い。あるいは独居のケースもある。いずれにせよ、家族からのサポートに限界があり、専門職による何らかの対応が必要な段階になった、さてどうするか、というステージの問題がほとんどである。
> 基本的な解き方は、児童福祉論の章で述べたのと共通している。つまり「急ぎすぎず」「押しつけず」の2原則で正解を選ぶことが十分可能である。さほど知識や対策がなくても、考え方さえ間違えなければ正解できる。児童福祉論と同様、設問のシナリオを楽しんでイメージしながら、ぜひ得点源にしてほしい。

◎介護保険への批判

　介護保険の是非についても、これまで様々に論じられてきた。[6] 本節では特に現場の声を中心に紹介してみたい。

　まず、介護保険はなかなか地方の色が出せないという声がある。地域ごとに人口編成や高齢者の属性（家族形態、経済状態など）が異なるはずなのに、これまで全国ほぼ似たように保険制度が実施されてきた。しかし、それは非効率的なのではないか、という批判である。都市部と農村部、産業の違いなど、様々に地域色があるのだから、それをもっと反映させ、地方自治体の裁量をもっと増やしてはどうかとの意見である。

　次に、改正によって内容が大幅に変わってしまうという批判もある。主に事業者からの不満だが、それまで制度に対応した事業を行ってきたのに、制度が変わると一気に使えなくなってしまう。地方自治体での緩衝があれば、そのあおりをダイレクトに受ける可能性はまだ低いかもしれないといわれる。

　また、介護される側の意見として、スケジュールへの批判がある。1か月前にプランを作成し、その通りのサービスしかしてもらえない。しかし当然ながら、生活のなかではその日そのときに必要なことが出てくる。なのに、スケジュールされたサービス以外を行うと、問題になってしまう。これが本当に介護される者の需要に応えうるものなのかという批判である。

日本の介護保険が安定し、海外から模範にされる制度になるのはいつのことだろうか。日本の尽力はわれわれ自身のためだけにおさまらない。

●そのほかの高齢者向け諸施策

　介護保険以外に、高齢者向けの施策やサービスはたくさんある。高齢者と一口にいっても、健康状態、年齢、要介護度など千差万別である。
　ここでは、介護を必要としていない高齢者はどんな生活をしているか、どんな行政サービスを利用しているか、といったことを各種根拠法に関係させて紹介したい。まずは「社会参加」についてである。[7]

◎「元気な」高齢者向け施策―就業支援

　高齢者でも就業できる人もいる。寿命が伸び、健康でいられる期間が長くなって、これまでよりも高齢者の就業が社会に大きな力を与えるという考え方がある。
　そういう考えを支持するのが「高年齢者雇用安定法」（高年齢者等の雇用の安定等に関する法律）である。近年2004年の改正によって、65歳までの定年の引き上げなど、いくつかの点が盛り込まれた。同法については資格試験でも出題されている（社会福祉士国家試験の第19回-81）。

◎ボランティア活動支援

　高齢者がボランティア活動を行う例も多い。事実、政府はそれを「特定非営利活動促進法」（NPO法）を通して奨励している。同法によりボランティア活動をする団体に法人格がつけられる。それによって団体の組織化が進んでいる。そして、高齢者がこれまで以上にボランティア活動に精を出す環境が整えられた（NPO関連については「地域福祉論」の章を参照）。
　近年、高齢者の「エンパワーメント」（empowerment）が注目されている。エンパワーメントというのは、人のもっている潜在力を引き出すことといってよい。これまで高齢者は「ケアされる者」「一線を退いた者」というイメ

ージで扱われすぎた。もっと高齢者を社会で活用することが，高齢者自身のためかもしれない。それが社会貢献にもなれば，高齢者は生産性のある存在であり，けっして社会の「お荷物」扱いされるものではない。

> ### 活動紹介：世代間交流の促進
>
> 　現代社会の家族形態の変化により，祖父母と孫の交流は少なくなったといわれる。しかし，高齢者と接しないことで子どもの成長は何かが欠けたものにならないかとも懸念されている。孫たち自身も，実はおじいちゃん，おばあちゃんともっと接したいと願っている…。
> 　こうした状況で，高齢者にもっとできることがあるだろうと，「世代間交流」が試みられつつある。高齢者に子どもの世話をさせることは，子どもにとっても，社会全体にとっても，利益があるのではないかとの論調である。まさに高齢者の「エンパワーメント」である。
> 　世代間交流を実践する人びとの取り組みを，ＮＰＯ法人として応援しているのが「日本世代間交流協会」(所在地・東京；会長・草野篤子)である。
> 　2006年8月には国際フォーラムを開催し，米国などの先進的取り組みの実践者を招いた。2007年度からは施設や地域などで世代間交流の活動を実践できる人材を育てるため「世代間交流コーディネーター養成講座」をシリーズで開催している。今後の活躍はまだ続いていくことだろう。
> 　ホームページ：http://www.jiua.org/

◎老人保健法

　高齢者は若年者に比べ身体的な衰えは隠せないし，傷病にもなりやすい。しかし，若年者よりも一般的に収入が低い。そのため，若年者とまったく同じに医療保険を利用することは現実的でない。

　そこで「老人保健法」に基づき，別個の医療・保険制度が適用されてきた**(詳細は「社会保障論」の章を参照)**。これを「老人保健制度」という。

　例えば，75歳以上の人が医療機関で診療を受けたときの自己負担額は，費用の1割である。若年者は3割であり，2割分少ない。また，所得がそれなりの高齢者もいるとの考慮から，一定以上所得の高齢者は費用の3割負担になっている。

　こうした所得別の負担の違いは，若年者には存在しない。これらは老人保健

法で規定されている。同法については，社会福祉士（**第15回-82，第18回-81**）や介護福祉士（**第18回-16**）の国家試験でも出題されてきた。

◎老人福祉法

　高齢者の生活全般を支えるのは「老人福祉法」という法律である。のちに介護保険法（2000年施行）や老人保健法（1983年施行）ができる前から，高齢者の生活や関連する制度の根拠法として機能してきた（1963年施行）。老人福祉法の範囲は広く，よって試験での出題も幅広い。

　なかでも同法とほかの各法の関連を問う設問が，よく出題されている。例えば介護保険法との関係では，福祉用具の給付・貸与についての問題が出された（**第14回-83**）。老人福祉法と介護保険法では，対象品目が異なるのである。実際，以前は老人福祉法の対象だった給付・貸与品目の多くが，介護保険法の施行により，介護保険法の対象品目に移行した。

　ちなみに，現在でも老人福祉法の対象のままなのは，たった4品目だけになっている。その4つとは，電磁調理器，火災警報器，自動消火器，老人用電話である。

　このように，法の内容を個々に詳しく知るのもよいが，比較しながら違いを押さえていくのも有効である。

●おわりに

　国の方針の変化にふりまわされている制度は少なくない。介護保険もその例である。福祉現場のスタッフにも，介護保険の対象の高齢者にも，現行の介護保険が「確立した制度」と感じられるのは，まだ先のことだろうか。

　これは，高齢者福祉を学習する学生や受験生にとっても同じだろう。たび重なる改正，そして変革など，そのつど知識を刷新せねばならない。

　財政が楽でないことは明らかであり，そのために様々な思慮がなされている。その一環として現れたのが「治療よりも予防」を強調する傾向である。例えば「介護予防」という風潮である。「ぴんぴんころり」などという言葉で表現されるように，高齢者が財政負担をかけずに元気でいることが望まれている。「ぴんぴん」しながら生活をし，死ぬときは長く入院せず「ころり」と亡くなっていく。このような考えが奨励されつつある。

　確かに従来の「治療アプローチ」は万能ではないことが批判されている。どこか悪くなってから治すという発想は，結果的にはコストが大きいと考えられる。[8] むしろ，悪くならないようにするという「予防アプローチ」が社会疫学などの分野を中心に注目されつつある。要支援の段階が2分化されたのもその一環である。高齢者福祉の世界でも，予防的傾向が実践されつつあるといってよい。

【確認問題】次の記述文の正誤を答えなさい。

□□① 高齢者の家族形態で最も多いのは,夫婦2人で住むケースである。

□□② 高齢者虐待の加害者として最も多いのは,被害者の息子である。

□□③ 介護保険には,要支援1から要介護5まで全6段階の認定基準がある。

□□④ 介護保険の第2号被保険者は45歳以上65歳未満である。

□□⑤ 老人保健法に基づけば,65歳以上で一定水準以上の収入のある高齢者の医療機関における自己負担額は3割である。

【確認問題の解答】

① ○　② ○　③ ×（全7段階）　④ ×（45歳ではなく40歳以上）　⑤ ×（65歳ではなく75歳以上。介護保険と開始が違うので注意）

【文献】

1) 安達正嗣,『高齢期家族の社会学』世界思想社,1999.
2) 岡村清子,長谷川倫子編,『テキストブック　エイジングの社会学』日本評論社,1997.
3) 厚生労働省ホームページ：国民生活基礎調査
   http://www.mhlw.go.jp/toukei/saikin/hw/k-tyosa/k-tyosa06/1-2.html
4) 厚生労働省ホームページ：人口動態統計
   http://www.mhlw.go.jp/toukei/saikin/hw/jinkou/geppo/m2007/04.html
5) 高崎絹子,谷口好美,佐々木明子他編著,『"老人虐待"の予防と支援―高齢者・家族・支え手をむすぶ』日本看護協会出版会,1998
6) 国立社会保障・人口問題研究所編,『医療・介護の産業分析』東京大学出版会,2000.
7) 小西康生編,『老人の社会参加』中央法規出版,1989.
8) Rose, G., *The Strategy of Preventive Medicine*, Oxford: Oxford U. Press, 1992.

第3章 貧困や格差はどこにあるのか ―公的扶助論

キーワード

- 保護率
- 保護の補足性の原理
- 資力調査（ミーンズテスト）
- 福祉事務所
- 生活扶助・住宅扶助・医療扶助など
- ホームレス
- 生活保護法

●はじめに

　近年「貧困」や「格差」が話題になっている。社会のいわゆる下層に位置する人たちや，貧富の差の拡大などが取りざたされている。

　しかし，話題になる前から貧困者は日本にいたし，格差も存在していた。貧困者に対する行政的対応も当然なされてきた。

　だが，貧困者とは誰のことをさし，具体的に行政が何をしてきたか，一般的にはよく知られていないだろう。「公的扶助」という言葉さえも，あまり知られていないかもしれない。

　そこで，この「公的扶助論」では，どんな人たちに公的な扶助が必要なの

か，またどんな扶助が実際なされてきたのか，資格試験の出題傾向に準じた形で，考えてみたい。そして，貧困というもの，格差というものを考えてみたい。

この先，福祉職に就くならば，公的扶助の対象者にいつか遭遇する可能性は十分にある。また福祉職だけでなく，医療職や保育職などでも，それはいえる。いつか身近になるかもしれない事項として考えてほしい。

なお，保育士国家試験の科目としては「社会福祉」のなかで扱われることがある（保育士試験に「公的扶助」はない）。

●貧困や格差はなぜ問題か

人間は平等であるべきだとか，生まれながらにして平等だとか，論じられることがある。それに反対する意見もあるし，賛成する意見もある。そもそも不平等は世の中に必要不可欠という理論も存在する。[1] その是非をここで議論するつもりはない。

しかし，公的扶助の根底にある主張は「貧困者は助けるべき」である。そして「貧困から抜け出すべき」である。これは「生活保護の目的は，最低生活の保障と自立助長である」という介護福祉士国家試験（**第17回-1**）の一文に示されている通りである。

では，貧困や格差はどこがよくないのだろうか？　それをまず考えたい。

当然，衣食住がそろわないと生存することができない。それを保障する意味は確かにある。しかしそれだけではない。

まず，精神的健康状態である。高齢者の収入を5段階に分け，それぞれの健康状態をみたところ，年収100万円未満の人たちは400万円以上の人たちに比べ，有意に「うつ状態」が多かった。[2] また，「健康感」も悪かった（**p.47のコラムも参照**）。つまり，低収入は精神的健康によくない可能性がある。

> ### 研究紹介：収入が低い方が健康状態が悪い？
>
> 健康状態のよしあしは収入と関係あるのだろうか？
> 社会疫学と呼ばれる分野ではこうしたテーマの研究がなされている。
> 　筆者の参加する研究プロジェクトでは，愛知県などにおける地域在住の高齢者3万人強に質問紙調査を行った。その結果，統計的傾向として，健康と収入には有意な関係がみられた（性別や年齢は調整済み）。つまり，収入別に5グループに分け，健康状態を比較したところ，最も低いグループ（年100万円未満）は，最も高いグループ（年400万円以上）と比べて，健康状態の不良を答えた人の割合が多かった。それはなんと，男性で2倍，女性で1.6倍もの違いだった。
> 　ここで扱っているのは「主観的健康感（self-rated health）」と呼ばれる指標で，国際的にも認知度がある。本人が「健康である」と感じるか「健康でない」と感じるかは，実は健康余命の予測力があることが，多くの実証研究によって証明されている。現在の社会疫学の分野では，よく用いられている指標である。
>
> 文献：吉井清子・近藤克則・平井寛・松田亮三・斎藤嘉孝他，「高齢者の心身健康の社会経済的格差と地域格差の実態」『公衆衛生』69(2)：57-60, 2005.

　もう一つ，格差についても，それが健康によくないことを示す証拠がある。それは，格差の大きな社会と小さな社会を比べ，健康（死亡率）に差があることを実証的に示した研究である。[3] 格差の大きな社会の方が，人々の健康状態はよくないことが示唆されている。日本でも同様の知見が示されている。[4]

　上の結果を支持する論拠として，「相対的剥奪」（relative deprivation）という概念が用いられる。[5] 例えば，人は絶対的な経済状態よりも他者との比較を気にする。自分がたとえ極貧でなくても，まわりが裕福なのに自分がそうでなければ，不満は高い。格差の大きな社会では，こうしたメカニズムが人々の健康に影響している可能性がある。

　日本の経済力が強まり，戦後豊かになったといわれる。しかし，絶対的貧困はなくなっていない。また絶対的貧困でなくとも，ほかと比べて自分が劣っていると感じる格差の意識は，最近むしろ強まっているともいわれる。

　こういう状態を放っておかず，何とかせねばならないのが行政の役割である。実際どんな対応がなされているのだろうか？

　生活保護に焦点を当てて，考えてみたい。

●どれぐらい？　誰が？

　現在，どれぐらいの人が生活保護の対象になっているのだろうか？
　例えば100人中何人ぐらいだろうか？
　生活保護では100人中何人というパーセント（％）では，ふつう考えない。むしろ，1,000分の1を基準とした「‰（パーミル）」で考える。パーセントでは「目が粗い」ため，それより細かくとらえる必要がある。
　1,000人のうち何人が生活保護の対象かを示す割合を「保護率」という。ちなみに「ミル（mille）」は1,000を意味する「ミレニアム（millennium）」の接頭部である。
　さて，入手できる最新値の保護率は11.6パーミルだった（厚生労働省「平成17年度社会福祉行政業務報告」）。[6] 単純計算でいえば，人口1,000人の規模の町ならば，その12人ぐらいが支給対象である。1万人のところなら116人ぐらい，10万人の都市なら1,160人，そして100万人都市なら1万人を超える。十分に少なくない数字である。
　近年の変遷をグラフでみてみよう（**図3-1参照**）。戦後一貫して保護率は減少傾向にあった。すでに1970年代に，現在と同じ12パーミル前後になった。さらに減少し，1995（平成7）年には最低の7.0パーミルまで下がった。しかし，バブル経済の崩壊後数年たち，1997（平成9）年あたりから徐々に上昇し始めた。長期の平成不況を受け，近年では10パーミルを超えるに至っている。
　景気が回復しつつあるというものの，保護率にはそれが現れていない。今の景気回復は一定以上の階層の人しか恩恵を受けておらず，「格差社会の到来」などとメディアで揶揄されることがあるが，その根拠の一つはこの保護率の高さにある。
　さて，あなたはどういった人が生活保護を受けているイメージをもっているだろうか？
　母子家庭だろうか，ニートなどの若者だろうか，それとも障害者だろうか？

図3-1 保護率の変遷

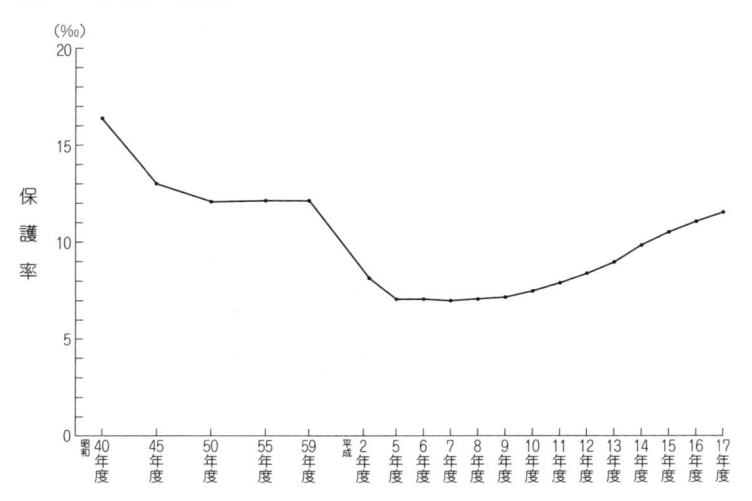

資料：厚生労働省、「社会福祉行政業務報告（福祉行政報告例）」

　最も多いのは，高齢者世帯である。もう働けなくなり，身動きができない，そして年金の支給も（さほど）ないし，貯金や資産もない，そういった人たちが生活保護を受けている人のなかで一番多い。

　資格試験でこれについての出題があった（**社会福祉士国家試験の第14回-29**）。5択問題の選択肢に「昭和50年度から平成10年度までの生活保護の動向」について，次の記述があった。

> 世帯類型別世帯数は，一貫して傷病障害者世帯が最も多い。

　これは誤りである。最も多いのは，1995（平成7）年度以降ずっと高齢者世帯である（福祉行政報告例より）。
　なぜ，高齢者がそんなに多いのだろうか？
　その答えは，そもそもどういう基準で生活保護の対象が決められるかに関係している。次にみてみたい。

●行政のすること

　ある人が「収入がとても少ない」あるいは「収入が皆無である」だけでは生活保護の対象にならない。重要なのは「自分で収入を得ようと思ってもそれがかなわない状態にある」こと，かといって「家族や親類にも助けてもらえない」ことなど，諸条件が必要となる。これを生活保護の「保護の補足性の原理」という。つまり，ほかのあらゆる手段を活用してでも，貧困から抜け出せないことが条件となる。

　例えば，売却できる資産をもっていないのか（資産の活用），労働する能力が本当にないのか（能力の活用），扶養してくれる人はいないのか（扶養の優先），といった事項が検討される。その結果，本当に扶助が必要と判断されるときのみ，生活保護の対象になる。

　結局のところ，たとえ「収入がない（少ない）」といっても，ニートなど若者は家族の支援が通常ある。また，母子家庭も母親が就業できるケースが多い。それに比べて高齢者のなかには，年金の支給がほとんどなく，家族や親族の身寄りもない，ほかに生きていく手段がない人たちが一定数いる。これが，生活保護対象者のなかで高齢者の比率が高いゆえんである。

◎どこが扶助を実施するか

　ある人を生活保護の対象にするかどうかを決定する手段を「資力調査（ミーンズテスト）」という。行政機関の「福祉事務所」が，この調査を実施する。

　「福祉事務所」は基本的に各都道府県に設置されている。そして，市にも設置されている。

　しかし町村については，任意設置である。この点は，かねてから社会福祉士や介護福祉士の試験で注目されてきた。例えば介護福祉士の第17回試験（**問題8**）では，

> 町村は，福祉事務所を設置しなければならない。

という文章が出された。もちろんこれは誤文であり，見破る目が必要である。

福祉事務所は，ある程度の規模の自治体でないと，設置・運営するのに負担が大きい。そのため町村には設置義務がない。そのかわり，福祉事務所を有する周辺の市や都道府県などとの連携が必要となる。あるいは町村の長が，代替的に応急処置や調査などを行う必要がある。

話を資力調査に戻すが，この調査では，その人の現在の収入はもちろん，貯蓄額や貸し借りの状況，不動産などの資産，そして扶養してくれる家族の有無など，あらゆることが調べあげられる。その結果，一定の基準を満たしていることがわかれば，「生活保護が必要」との判断がなされる。

生活保護は「拠出」をしなくとも給付対象になれる制度である。つまり，ふつう年金でも医療保険でも介護保険でも，それまでの掛け金や自己負担などの支払いが必要である。しかし，生活保護にはそれが必要ない。給付される側にとっては文字通りの「給付」であり，返済の義務はない。資力調査は厳しい審査を伴っているが，拠出もなく返済もない以上，それは当然のことかもしれない。

◎何が扶助されるか

具体的に生活保護の中で，何が扶助されているのだろうか？

つまりは現代の日本社会で，人が最低限の生活を送るためには，「食べ物がある」以外に何が必要だろうか？

生活保護では多岐にわたる事項が扶助の対象になっている。どれも「〇〇扶助」といった呼称で呼ばれている。

しかし，すべての扶助内容を詳細に知ることが最初から必要とは思わない。ここではむしろ，今後深く学ぶに当たっての「記憶の軸」をつくることを主眼とする。そこで，あえていくつか抜粋することにする。過去に資格試験で出題された，次の扶助を解説したい。

- 生活扶助
- 住宅扶助
- 医療扶助
- 介護扶助
- 葬祭扶助
- 教育扶助
- 出産扶助
- 生業扶助

◎それぞれの扶助

　まず「生活扶助」である。これは，生活に必要と考えられる物品を購入するための費用である。例えば，飲食費，被服費，光熱費などをまかなうため，金銭が給付される。

　次に「住宅扶助」と呼ばれる扶助がある。例えば対象者が借家住まいをしている場合，家賃などを支払うために一定の基準額が給付される。これも金銭給付である。あるいは，風雨などにより最低限の生活が送れなくなった際の修繕費も対象になる。

　「衣食住」に関わるもの以外に，「医療扶助」という扶助もある。疾病や傷病のために治療が必要な場合，現物が給付される（原則として金銭ではない）。つまり診療・投薬・注射・手術などの現物やサービスが給付される。

　生活保護の対象者に高齢者が多い以上，介護も重要である。そこで「介護扶助」という扶助もある。居宅介護・施設介護・福祉用具などが給付対象であり，現物やサービスが給付される（原則として金銭ではない）。給付内容は，基本的に介護保険によるものと差がない。

　生活保護の給付期間中，不幸にして死亡することもある。その場合は「葬祭扶助」が適用される。死体の搬送や火葬などに必要な金銭が給付される。

　また，高齢者だけでなく若年層を含めた生活扶助には，次のようなものがある。まず母子家庭などの場合，「生活扶助」の中に「母子加算」というのがある。子どもの養育のために，金銭給付に「加算」がなされるのである。つまり子どもの養育に経済的負担がかかることは，公的扶助の制度でも認められているといえる。

　また，それと別個に「教育扶助」という扶助もある。子どもが義務教育に就学している場合，学用品や実験や実習などに必要な費用，あるいは通学費などが負担される。金銭によって扶助される。

　あるいは女性の場合，「出産扶助」も適用される。分娩の介助，分娩前後の処置，入院費などが金銭で給付される。

　自立を促すための「生業扶助」もある。自らの小規模事業を経営するため，あるいは技能修得のためなどに，金銭が扶助される。

◎お金か，現物か

　以上のうち，多くの扶助は「金銭給付」である。「現物給付」は前述のなかでも医療扶助と介護扶助しかない。

　これは社会福祉士国家試験では頻出事項なので，ぜひ得点源にしたい。例えば第18回では下記のような出題があった（**問題24**）。扶助とその給付方法について，下の4つのペアの正誤を問うものである。前記をすでに読んだうえで，A～Dのそれぞれの正誤を考えてほしい。

　　A　医療扶助—現物給付
　　B　介護扶助—現物給付
　　C　住宅扶助—金銭給付
　　D　出産扶助—現物給付

　正解は，Dのみ「誤」で，A～Cは「正」である（正しくは，出産扶助は金銭給付である）。

　なお，これらの事項はすべて「生活保護法」という法律で定められている。わが国の公的扶助の根拠法である。

●貧困は誰のせいか

　貧困の責任は誰にあるのだろうか？　貧困に陥った個人だろうか？
　行政はどこまで貧困者に扶助をしてあげるべきなのだろうか？
　これらはずっと議論されてきたことである。例えば福祉・医療施設の入居者・利用者のなかに生活保護対象者がいたら，「〇〇さんは生活保護だ」ということが「ねたみ」と同類の感情で語られることもある。
　「自分で費用を払わないのに，どうしてここにいられるのか」とささやかれることも，ないではない（もちろんすべての生活保護対象者がこうした後ろ指をさされるわけではない）。

◉貧困者とホームレス──行政の責任？

　ここで，ホームレスについて考えたい。日本でも平成不況によって，ホームレス人口が増加し，現在の貧困層の代表ととらえられることがある。実際，資格試験の公的扶助論でも出題があった（社会福祉士国家試験の第16回-29，第17回-23）。また「社会学」でも出題があった。ホームレスは貧困研究の文脈で，見のがせない社会現象の一つとみなされている。[7]

　国の対策として，2002（平成14）年に「ホームレスの自立の支援等に関する特別措置法」が制定された。同法では，ホームレスに関する国や地方自治体の責務，民間の力の活用などが明文化された。生活保護法との関連で，社会福祉士国家試験でも問われた（社会学における出題は，より現状把握のニュアンスが強く，ホームレスの生活に関する統計的事実などを問うものだった）。

　生活保護対象者とホームレスを理解する際に，共通して必要な認識がある。それは結局，個人にばかり責任を追及しても問題の本質をみたことにならないことである。貧困やホームレスになった原因として，個人の失態や趣向だけではとらえられないものがある。つまり「だらしない」例外的な人がホームレスになるのではなく，誰でも当人になりうる「社会現象」なのである。

　資本主義という制度そのものが，貧困層を生み出す可能性をはらんでいると論じる声がある。がんばって成果を残せばそれだけ見返りがあるが，うまくいかない層も社会には同時に存在する。そして，いわゆる貧困層はその損失を受ける。

　すると，資本主義制度を採用する行政には，貧困者の生活を保障する責任がある。現在の制度では弱者ができるのが前提な以上，弱者の面倒をみる仕組みも行政がつくるのは当然だという。

　かといって，次のようなニュアンスも正しくない。保育士国家試験（2005年「社会福祉」-8）で出題された記述だが，

> 社会福祉行政は最後の安全装置（セーフティーネット）の機能を果たすため，ホームレス問題のように制度の網の目からもれた人々については行政部門だけで対応しなければならない。

そうではない。むしろ行政以外の非営利組織なども非常に重要な役割を果たす必要がある。

◎親の責任？──それは誰の責任？

公的扶助論で通常取り上げるものではないかもしれないが，あえて本章で論じたいことがある。それは貧困の原因を「親」に求める考え方である。

親が子どもと同居している以上は，子どもはその経済状態を受ける。そのため，親が貧困ならば子どもも貧困なのは当然のなりゆきである。しかし，子どもが実家を離れ独立すれば，その子は努力しだいで貧困でなくなるのだろうか？

次のようなブルデューの理論をご存知だろうか。[8] 親の日常生活の送り方というのは，子どもに知らず知らずのうちに継承されていく。例えば親の読む本，言葉遣い，交流する人脈，熱中する趣味など，いろいろな面で子どもは親の趣向を継承していく。

すると，どうなるか。本人が勉強する，努力するのと関係ないところで，学業成績や進学先が決まりかねない。就職先が決まりかねない。語彙の発達の度合，音楽・芸術・歴史などの知識の違い，あるいは必要な人脈など。これらは，何気ないふだんの親の生活の趣向性であって，子どもの努力とはあまり関係がない。そして，それが学歴や職業，収入につながっていく…。つまり，子どもも親と同じような経済状態におかれ，それが綿々と受け継がれる…。

「親子」という制度が世の中に存在するかぎり，貧困な親から貧困な子どもが育つことが，その発想の核にある。同時に，富裕層の親から富裕層の子どもが育つ。もちろん例外はあろうが，それはあくまで大勢ではない。

ブルデューの理論は，その後のデータ分析によっても支持されている。[9] 意図せずして貧困に陥る層は，歴史的にずっと親の地位を継承してゆく…。しかし，ではその尻拭いは誰がするのだろうか？

「自助努力」といって，貧困者当人の責任にするのは酷なのかもしれない。自分でどうにもできない何かがある。ほかならぬ，行政が尻ぬぐいするしかない。その一端が「公的扶助」である。

研究紹介：とんびが鷹を産む？　カエルの子はカエル？

2つのことわざがある。「とんびが鷹を産む」と「カエルの子はカエル」である。両者は異なる内容を意味している。前者は，とんびのような平凡な親が鷹のような逸材を育てることであり，後者はカエルの子どもはいくらがんばってもカエル以上になれず，やはり親と同じような大人になるというたとえである。はたしてどちらが現実に即しているのだろうか？

答えは「どちらもありえる」だろう。しかし，社会科学における実証研究によれば，圧倒的に「カエルの子はカエル」の方が多いという結果が出ている。

筆者自身も，日本の状況を実証的に分析した。結果は統計的に有意なレベルで，親の学歴や収入と，子どもの学業成績が関係していた。つまり，親の学歴や収入が高い方が，子どもの成績も高位な傾向にあった。

これはもちろんすべての親子に言えるわけでなく，あくまで統計的な結果にすぎない。しかし，主観を交えないデータ分析による結果でもあり，簡単に無視することもできない。

文献：Y. Saito, *The Schooling Outcomes Gap between Buraku and Non-Buraku Children: Effects of Parental SES & Parenting Practices*, Doctoral Dissertation at Pennsylvania State University., 2003.

●おわりに

　貧困の責任を行政がとるべきとの意見には一理ある。しかし同時に，行政がサポートするのがよいとは限らない，と疑問視する立場もある。

　例えば米国では，黒人スラム街などの貧困研究のうち，貧困の原因を模索するものがある。原因として考えられるのは，昔からの差別待遇や，黒人の教育レベルの相対的低位性，あるいは家庭環境などだろうか。[10〜12]

　しかし，それに加え，「政府からのサポート」を挙げる声があることは注目に値する。[13]

　つまり，政府がサポートするからこそ貧困者はそれに甘えてしまい，生活力をなくし，貧困から抜け出せないという見解である。政府のサポートのせいで公的扶助の対象者は活力をなくし，政府の援助をほしがるだけで自助努力をなくしていくという（もちろんこの議論は，高齢の公的扶助対象者ではなく，より若年の層をイメージしている）。

　ひとすじなわにはいかない問題であり，本章は読者をどちらかの立場に説得するというスタンスではない。

　考える余地のたくさんある科目だが，試験のためにやるべきことは比較的限られている。もし何か感じることがあれば，たとえ試験後だろうと，それ以降でもじっくり考えていただきたい。

【確認問題】次の記述文の正誤を答えなさい。

□□① 現在の保護率は年々上昇しており，2000年以降は20‰を超えている。

□□② 生活保護の対象となる世帯類型で最も多いのは，障害者世帯である。

□□③ 生活保護の対象になるには，自分で収入が得られないだけでなく，ほかの手段によっても補足できないという条件が必要である。

□□④ 資力調査を実施するのは福祉事務所だが，これは各市町村に設置されることになっている。

□□⑤ 医療扶助は原則として，治療を受けるのに必要な金銭で支払われる。

【確認問題の解答】

① ×（2000年以降20‰を超えたという事実はない） ② ×（障害者世帯ではなく高齢者世帯） ③ ○ ④ ×（町村は義務ではなく任意） ⑤ ×（原則として現物給付）

【文献】

1) Davis, K. and W. Moore, "Some principles of stratification" *American Sociological Review* 10: 242-249, 1945
2) 近藤克則，平井寛，吉井清子，末盛慶，松田亮三，馬場康彦，斎藤嘉孝他，「日本の高齢者―介護予防に向けた社会疫学的大規模調査：調査目的と調査対象者・地域の特徴」，『公衆衛生』69（1），69-72, 2005.
3) Kaplan, G.S., E.R. Pamuk, J.W. Lynch, et al., "Inequality in income and mortality in the United States" *British Medical Journal* 312: 999-1003, 1996.
4) 橋本英樹，「所得分布と健康」，川上憲人，小林廉毅，橋本英樹編『社会格差と健康―社会疫学からのアプローチ』東京大学出版会：37-60, 2006.
5) 橘木俊詔，浦川邦夫，『日本の貧困研究』東京大学出版会，2006
6) 厚生労働省，『厚生労働白書平成19年版』ぎょうせい，2007
7) 岩田正美，西澤晃彦編著，『貧困と社会的排除―福祉社会を蝕むもの―』ミネルヴァ書房，2005.
8) Bourdieu, P., *Language & Symbolic Power*, Cambridge: Harvard University Press, 1991.
9) Farkas, G., *Human Capital or Cultural Capital?: Ethnicity and Poverty Groups in an Urban School District*, New York: Walter de Gruyter, 1996
10) Ogbu, John U., & H.D. Simons, "Voluntary and Involuntary Minorities," *Anthropology and Education Quarterly*, 29（2）: 155-188, 1998.
11) Wilson, W.J., *When Work Disappears*. New York: Vintage Books, 1996.
12) Massey, Douglas S. and Nancy A. Denton. *American Apartheid*. Cambridge: Harvard U. Press, 1993.
13) Kinder, D.R., & L.M. Sanders, *Divided by Color: Racial Politics and Democratic Ideals*, Chicago: The University of Chicago Press, 1996.

第4章 人間関係や家族への注目 ——社会学

キーワード

- ネットワーキング
- リゾーム型vsツリー型
- 家族形態
- ステップ・ファミリー
- DINKs
- ジェンダー
- シャドウ・ワーク
- 労働力率
- M字型曲線

●はじめに——つかみにくい「社会学」

　社会学を知らない人が「社会学とは？」と聞かれたとき，何を思い浮かべるだろうか。おそらく「社会問題についての学問？」「高校までの社会科の延長？」のように漠然としたイメージだろう。

　社会学とは一体どんな学問だろうか。この問いへの答えは様々である。しかし，専門家にでもならない以上，すべてを知る必要はない。

　社会学者と名乗る人たちの専門領域は，多種多様である。それは，心理学者が「人の心理状態を扱う研究者」，法学者が「法律や社会の取り決めなどを扱う研究者」，経済学者が「経済やお金の動きに関わることを扱う研究者」と，

多少なりともイメージできるのとは対照的である。「社会学者とは何か」は具体的にイメージしにくく，何が社会学者の共通項なのか，他の分野のように明確ではない。

　さらにいえば，「〇〇福祉論」のように具体的な対象もはっきりしない。「老人福祉論」は老人を対象にした福祉論であり，「児童福祉論」は児童を対象にした福祉論である。たとえ勉強をしていない人でも，それぐらいは容易にわかる。

　実際，「社会学」は社会福祉職を志す人たちにとって，「わかりにくい分野」の最大手に挙げられることが多い。社会福祉士の国家試験勉強をしている人から「何のために学ぶかわからない」「将来の職にどう関係するかわからない」という声がよく聞かれる。確かに社会学という分野の輪郭はつかみにくい。

　本章では，社会学とはどんなものか，具体的にどんな問題を扱うのか，どんな知見・知識をもたらしてきたのか，そしていかに社会福祉職に関連しているのか，考えてみたい。

●人間関係への注目—「ネットワーキング」で読みとく

　高齢者施設や高齢者向けサービスの現場調査から，明らかな傾向として見えてきたのが，「高齢男性と高齢女性の違い」である。こう聞いてあなたはイメージできるだろうか？

　以下，社会学の視点で読みといてみる。

　例えば施設に在住する高齢者のうち，女性は毎日みんなと元気に過ごすのに，男性は元気でない，というケースが多々ある。[1] 男性には寡黙や孤立といった言葉が似合う人が多い。地域在住の高齢でも「うちのおばあちゃんは近所の人たちと毎日元気に過ごしていて，老人会にも顔を出している。しかし，おじいちゃんはほとんど家で過ごし，これといって友だちもいない」というのがよく聞かれる。

> **研究紹介：女性の方が社会参加に積極的**
>
> 社会的サポートという概念がある。これは2つの側面に分けられる。他者に手助けをする「提供サポート」と，他者から手助けされる「受領サポート」である。
>
> 高齢者の男女比較をすると，「提供サポート」も「受領サポート」も女性の方が多いという結果が出ている。つまり，女性は男性よりも人に手助けをし，また人からも手助けされている。これには，介護や生活の世話といったものから，愚痴を言う・相談するといった行為まで含まれている。
>
> 分析結果例を挙げると，「心配事や愚痴を聞くこと」について，女性は「提供サポート」も「受領サポート」も両方ある人が約84％なのに，男性は約75％であり，男女で10％近くの差がある。
>
> 従来，高齢者の問題は女性の方が深刻だという議論がさかんだった。それは主に経済的な視点からで，年金額の少なさなどに由来していた。しかし，こうして人間関係をみるかぎり，男性の問題もまた深刻である。
>
> 文献：斎藤嘉孝・近藤克則・吉井清子他，「高齢者の健康とソーシャルサポート―受領サポートと提供サポート」『公衆衛生』69（8）：661-665, 2005.

こうした現状をどう解釈できるだろうか。もちろん「女性の方が社交的で，男性は頑固である」といった俗説でも理解できる。しかし，社会学はもう少し深く踏み込んでみる。

まず，過去の社会福祉士国家試験で「ネットワーキング」という単語が問われたことに注目したい（第15回-60）。ネットワーキングとは，人と人との結びつきのあり方のことである。簡単にいえば，NPOやインフォーマルな人間関係で典型的にみられる，ゆるめの人間関係といってよい。そこでは上下関係や役割分担が比較的厳しくなく，本所属や勤務先がどこかなどにこだわらず，横のつながりを頼りに人脈をつくっていくことになる。

他方，会社組織などではふつう，厳格な上司＝部下の主従関係や，役割分担に基づいた分業体制がみられる。いわば固い関係といえる。

NPOで典型的にみられる，そうしたゆるい関係は，ときに「リゾーム型」と呼ばれる。[2] リゾーム（rhizome）とは，例えばじゃがいもの「根茎」のようなもので，同じ大きさのじゃがいもが，根茎から同時多発に生えている情景を思い浮かべるとよい。一方，企業などの人間関係は「ツリー型」と呼ばれる。それは，木（tree）のように幹が一つあり，上から下まで規則的かつ主従

的に枝分れしている状態である（図4-1参照）。

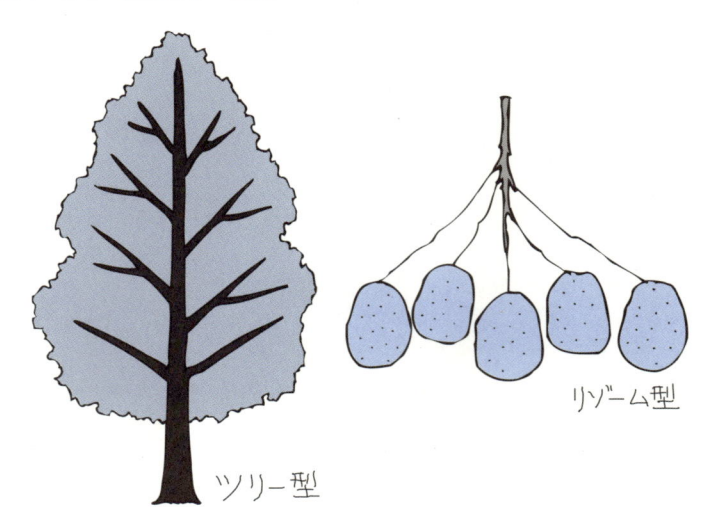

図4-1　ツリー型とリゾーム型

ツリー型／リゾーム型

　リゾームとツリーは社会学特有の概念ではなく，哲学や生物学など，他の分野でも用いられている。単語をそのまま覚える必要はない。重要なのは，人間関係や組織のあり方に，木のような「きちっとしている」ものと，根のような「きちっとしていない」ものがあるというイメージである。
　男性はとかく現役時代に「ツリー型」の人間関係で過ごすことが多い。自分が出世すること，上司や部下と過ごすことなどを通して，生き抜く術を覚える。女性がそうした関係に身を置くことも，多かれ少なかれある。しかし，男性ほどそれが自分にとってすべてではない。[3]　女性には，近所との関係も重要だし，子どもの友人の母親との関係も重要である。そして女性の人間関係には，上司と部下のような厳格な上下区分はあまりない。
　その結果，定年退職を迎えたとき，男性と女性の人間関係には違いが現れる。例えば男性Ａさんは「自分はこれまで何十年間，職業をまっとうしてきた。それなりの地位にもついてきた」という自負がある。すると「地元の高齢者の集まりなど，あいまいな組織だし，知り合いもいないし，意味がない。自

分は関わらない」と決めつけてしまう。

　だが女性はもっと柔軟である。現役時代からの近所づきあいもあるし，現役時代にやってきたことへの自負も男性ほど強くない。だから比較的簡単に近所のつきあいに参加できる。実際に，地域社会への参加には女性の方が積極的というデータがある。[4]

　そして筆者らの調査でわかってきたことは，男性は現役を退いてからも「ツリー型」の人間関係にいる方が居心地のよさを覚えることである。たとえ高齢者の運営するボランティア団体であっても，規則や役割分担，組織体制などがしっかりしている方が，男性はいきいきと参加するようにみえる。[3,5]

　「ネットワーキング」概念は，こうしたところで我々の理解を助けてくれる。つまり，人間関係のあり方や集団をまとめるものに注目すると，高齢男性の人づきあいの少なさは「あのおじいさんは頑固で人と仲よくできない」のように短絡的に処理できない。いわば，日本の高齢男性の抱える問題の一端であり，現役時代からの組織行動の修正にも関係した，根の深い現象だと考えられるようになる。福祉現場でもこうした思考のセンスは生きるはずである。

　社会学は，表出された目先のコミュニケーションだけでない部分にも想像をふくらませて人間関係を読みとこうとする。社会学を学ぶことで，こうしたセンスが備わってくる。

●社会学における「家族」問題の重要性

　社会学は様々なトピックを扱っている。ジェンダー，宗教，民族，環境など，挙げればキリがない。なかでも重要なトピックの一つとして社会学が注目してきたのが「家族」である。それを示す事実が資格試験にもある。

　代表的な例が社会福祉士国家試験である。当試験の受験要件には，厚生労働省により指定された科目の履修が掲げられている。例えば「老人福祉論」「児童福祉論」「社会学」などの科目を大学などで履修しておくことが必要である。

　しかし，大学によっては「老人福祉論」を開講していない場合もある。そこ

で「読み替え科目」が認められている。例えば，「老人福祉論」でなくとも，これに準じた科目が大学に設置されており，学生（受験生）がそれを受講していれば，それをもって「老人福祉論」を履修したとみなす（読み替える）のである。

社会学に関していえば，「社会学」が開講されていない場合，読み替え科目として「家族社会学」が指定されている。この意味することは何だろうか？

おそらく厚生労働省は，社会福祉士の受験生に対し，社会学の全体的な知識を求めていない。むしろ，この読み替え科目から判断するに，社会学の中でも「家族」問題をとりわけ学習しておいてほしいようにみえる。実際のところ，「宗教社会学」「環境社会学」などは読み替え科目になっていない。

過去に出題された問題をみても家族問題を重視していることはわかる。それに，社会学の他のトピック（例えば「生活の変化」「現代社会における社会問題」など）に多くの出題があるようにみえても，問題をよくみると，それらの問題も「家族」に関する内容であることが多々ある。

●社会現象の概念化—「家族形態」で読みとく

家族問題といっても様々な側面があり，他の学問分野と重なるところも多い。貧困家族の問題であれば「公的扶助論」と重なるし，幼児虐待の問題ならば「児童福祉論」と重なるだろう。では社会学が扱う，特有の家族問題とは何だろうか。キーワードを2つ紹介しながら，全体のイメージをつかんでみたい。

◎近年の家族形態：ステップ・ファミリー

過去の資格試験で，近年の「家族形態」について出題されたことがある（社会福祉士国家試験の第16回-56）。その中で「ステップ・ファミリー」と「DINKs」という言葉が問われた。

まず，「ステップ・ファミリー」（step family）だが，これは親のどちらか（あるいは両方）が子どもを有する状態で結婚した家族をいう。日本では近年

概念化されたばかりで，以前は「継母(ままはは)」などという言い方があった。だが，それは特定個人を指す言葉であって，家族そのものを指す言葉ではなかった。[6]

　福祉現場で働くうえで，この言葉を知る意味は何だろうか。例えば，自分の勤務する施設に新たに入所してくる女子Ａがいるとする。このＡは父親や兄との関係で悩んでいるとする。よくよく聞いてみると，Ａは母親の子どもだが，父親や兄とは血がつながっていないという。

　ステップ・ファミリーによくみられる特徴はいくつかある。それは新たな親との関係の再構築の悩みであったり，兄弟同士の関係のトラブルだったりする。また近年の特徴として，ステップ・ファミリーは自らの悩みなどを共有する目的で，インターネットを介したネットワークを形成している。

　概念や特徴を知っていれば，入所してきたＡの背景にあることが自然にイメージできる。それだけでなく，「再婚の親が子どもを連れている家族」が社会全体からもれた「例外のケース」でなく，命名されるほどの潜在的人口をもった，一定規模の社会事象であると認識できる。

　1980年代の著名なTVドラマに「早春スケッチブック」（1983年，フジテレビ系，山田太一脚本）というのがあった。当時はまだステップ・ファミリーという呼称が日本で知られていなかったため，ドラマではその単語自体は登場していない。だが内実は，まさにこうした家族の問題を反映していた。

　主人公の青年は，大学受験の時期に，初めて実の父に接触し始めた。そうするうちに，それまで一緒に過ごしてきた育ての父との違いを認識していく。この接触体験が少なからず，自分の将来設計やほかの家族成員にも影響を与えるようになる。父親を2人もつ青年の心の葛藤がうまく描かれていた（現在，DVD化されている）。

タイトル：山田太一脚本　早春スケッチブックDVD-BOX
発売元：フジテレビ映像企画部
販売元：ポニーキャニオン

◎近年の家族形態：DINKs

　ステップ・ファミリーのほかに「DINKs」という概念も「近年の家族形態」の同設問で問われた。マスコミでもよく使用された語だが，ご存知だろうか？

　DINKsはDouble Income No Kidsの略であり，結婚してから子どもをもたず，共働きで過ごす夫婦のことである。DINKsの人たちは，子どもをもつことで経済的・時間的・精神的な制約を受けるより，自分たち2人の自由な金銭や時間を謳歌しようと考えるという。

　DINKsは1980年後半から知られるようになった家族形態だが，日本の少子化に大きく関係しているとみなされ，非主流的扱いを受けて批判の対象になった。

　しかし，彼らが責められても，事態は好転しないこともわかってきた。彼らが例外的な悪者というより，むしろ少子化を進展させる背景は，子育て環境の一般的不備であることも議論され，政府による対策が掲げられるようになった。[8]

　こうした問題への対応も，概念化したうえで，対象の特徴を客観的に分析してこそできるようになる。

　社会学の意義の一つに，何気なく見過ごしがちなことをあえて概念化することがあると思う。それによって物事を深くイメージできるのである。概念化することで，例外でなく「起こりうる」ケースとして認識できるようになる。

　試験で出るのは，家族に関する諸問題のすべてではない。また貧困家庭の問題でもなければ，幼児虐待の問題でもない。助けが必要な家庭や人々を追っていくのが「公的扶助論」や「児童福祉論」だとすれば，社会学はむしろ問題が生じる前の家族に目を向けるといえる。社会学はあえて対応策にこだわりすぎず，あくまで現状をよく理解しようとする傾向にある。試験の社会学にもそれが反映されているのだろう。

●「ジェンダー」で読みとく！

　家族問題と一見異なるようにみえて，実は強く関係しているものに「ジェンダー」がある。ジェンダーは家族問題のことであるといってよいほど，社会学の夫婦関係の議論で活発に取り上げられてきた。

　ここで「ジェンダー」の意味を確認しておこう。この単語をみなさんはご存知だろうか？

　それは「男らしさ」や「女らしさ」による区別であり，歴史の推移の中で，あるいは個人が成長する中で人間に備わってきた感覚である。生まれもって備えている生物学的な男女特性ではない。典型的な物言いだと，生まれながらに女性は「かよわく」「家庭的で」あり，男性は「強く」「外で働く」存在であるという。こうした偏見に基づいた男女観に，あえて反発する意図もジェンダー概念には含まれている。

◎シャドウ・ワーク

　過去の試験では，イリイチ（Illich, I.）という思想家の「シャドウ・ワーク」概念が出題されたことがある（社会福祉士国家試験の第16回-54など）。

　文字通り「影の労働」と訳される「シャドウ・ワーク」は，歴史的に妻の家事は「影のもの」であり，ずっと日の目を見なかったと読みとく。[7]男性の家庭外の賃金労働に比べ，女性の家事は賃金もなく，定期的休暇もなく，出世もないという。

　この概念は「家事」だけでなく，より広い意味も含んでいる。男性でも女性でも毎日の仕事の前後に「通勤」をしているが，これは職場が外にあり，そこで労働を行う以上，必要不可欠な行為である。しかし，賃金報酬はない（交通費とは別の話である）。要するに，通勤も家事も必要不可欠だが，どちらも直接の報酬で報われることがない。まさに「影の労働」である。

　このことは国家公務員試験（第Ⅱ種）でも出題された（1992年）。

I.イリイチは，…（中略）…「シャドウ・ワーク」という概念を提案したが，このようなシャドウ・ワークの典型例として最も妥当なものはどれか。
　　①不法就労者の非合法活動
　　②アルバイト等の一時的労働
　　③深夜労働
　　④主婦の家事労働
　　⑤会社等におけるサービス（付合い）残業

　もちろん正解は「④主婦の家事労働」である。前述の説明を読んでいれば簡単だろう。①から③はどれも賃金が発生していると考えてよい。⑤は賃金が発生しないこともあるととらえられるため，ややまぎらわしい。しかし，現代社会の労働に必要不可欠とは限らないし，また④の方がシャドウ・ワークに明らかに適している。
　このシャドウ・ワークという概念を学ぶことが福祉職にどう関係してくるのか。まずは介護をどう理解するかでイメージしてみよう。

◎「介護」というシャドウ・ワーク

　家族に介護の必要な高齢者がいる場合の話だが，「介護をする人」のうち，日本で最も多いのは誰かご存知だろうか？　要介護者当人からみた関係で考えてほしい。夫だろうか，妻だろうか？　息子だろうか，娘だろうか？
　答えは，息子の嫁（19.9％）である。次いで，妻（16.5％），娘（11.2％）の順である。[9] それに比べて男性たちはとても消極的で，夫（8.2％）と息子（7.6％）の値は小さく，娘の夫などはほとんどしていない（0.4％）（厚生労働省「平成16年国民生活基礎調査の概況」）。[9]
　この現実は「シャドウ・ワーク」現象の一部と理解できる。本来，家族の誰かが要介護状態になれば，健常な者が介護するのが自然である（施設入所せず，在宅ケアを行うケース）。しかし，それは男性にとって「賃金にならない」仕事であるため，自分自身の仕事とは自覚されにくい。介護は，女性の「影の労働」になっている現状がある。

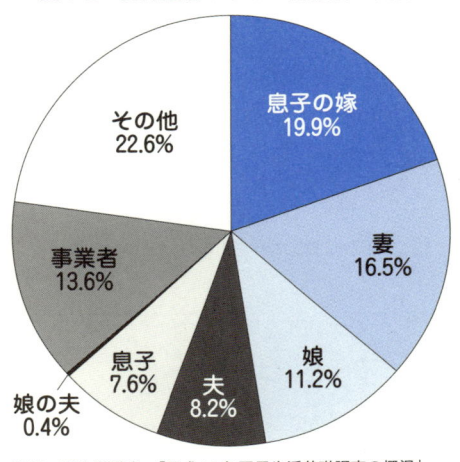

図4-2 要介護者からみた介護者の関係

息子の嫁 19.9%
その他 22.6%
事業者 13.6%
娘の夫 0.4%
息子 7.6%
夫 8.2%
娘 11.2%
妻 16.5%

資料：厚生労働省，「平成16年国民生活基礎調査の概況」

　こうした現状を理解するに，概念化はやはり大きな意味をもつ。「男性は介護に積極的でない」という現状を理解するにも，概念化がなされているのといないのとでは，明らかにイメージの深さが違う。また，シャドウ・ワークの状況下に置かれた女性は，一部の例外ケースでなく一定の人口数を抱えた層を占めることを，概念化がなされていれば，より強く認識できる。

◎「子育て」というシャドウ・ワーク

　子育てにも同様のことがいえる。日本では圧倒的に母親が子育てに携わっている現状がある。育児休暇は法的に男性でも女性でも取ることが可能だが（「育児・介護休業法」による），現状は圧倒的多数が女性によるものである。在職中に出産した場合，育児休業を取得する女性の割合は約70％なのに対し，配偶者が出産した際に育児休業を取得する男性は1％にも満たない（厚生労働省「平成16年女性雇用管理基本調査」)。[9]

　子育てにおける女性への負荷はそれだけでない。「労働力」という点から，社会福祉士国家試験でもこの点を問う問題が出題されている（**第15回-55**）。
　ふつう「労働力」とは「労働者（現在仕事をしている人）」と「失業者（今仕事をしていないが求職中の人）」を合わせたものをいう。つまり，今労働し

ていようがしていまいが，労働の意志のある人々をすべて「労働力」とみなす。これが全人口のうちどのぐらいを占めるかを示すのが「労働力率」である（通常，労働力率〇〇％のように示される）。ここには男女差が明確に現れる。

図4-3をご覧いただきたい。これは「M字型曲線」と呼ばれる有名なグラフ分布で，労働力率の年齢別分布を男女別に示している。横軸が年齢，縦軸が労働力率である。

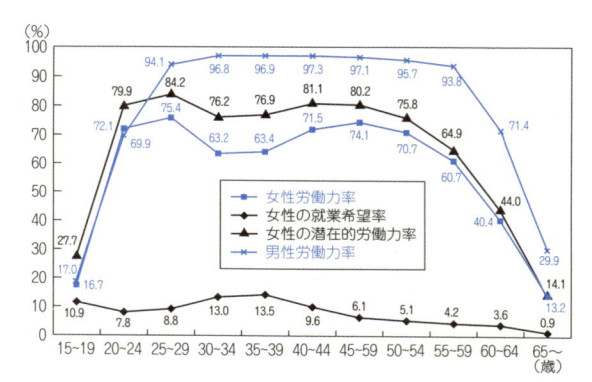

図4-3　男女別の労働力率（日本）

（グラフ：女性労働力率、女性の就業希望率、女性の潜在的労働力率、男性労働力率）

資料：内閣府，『男女共同参画白書平成19年版』，p.19

女性の30～34歳をみてほしい。ここが「M字の底」であり，他の年齢より値が小さい（63.2％しかない）。つまり30代前半の女性は100人中63人ほどしか（2006年），労働力とカウントされていない。20代前半と比べれば，差は明らかである。20代前半は100人中，約72人が労働力である。

ひるがえって男性をみると「M字の底」がない。これは何を意味するのか。答えは単純である。女性には，出産・育児を機に仕事を辞める人が多いが，男性は関係なく，仕事を継続しているのである。

子育ては確かに女性の方が適した面があると言えるかもしれない。しかし，今度は図4-4をご覧いただきたい。他の先進国では女性の「M字型曲線」がみられない。男性と同じように台形の分布である。これをみるとき，問題は単純でないといわざるをえない。

各種試験でもM字型曲線はよく出題されている。国家公務員試験（第Ⅱ種）において，よくポイントをまとめた選択肢が出されたので紹介したい（**1999**

図4-4 各国における年齢階級別の女性労働力率

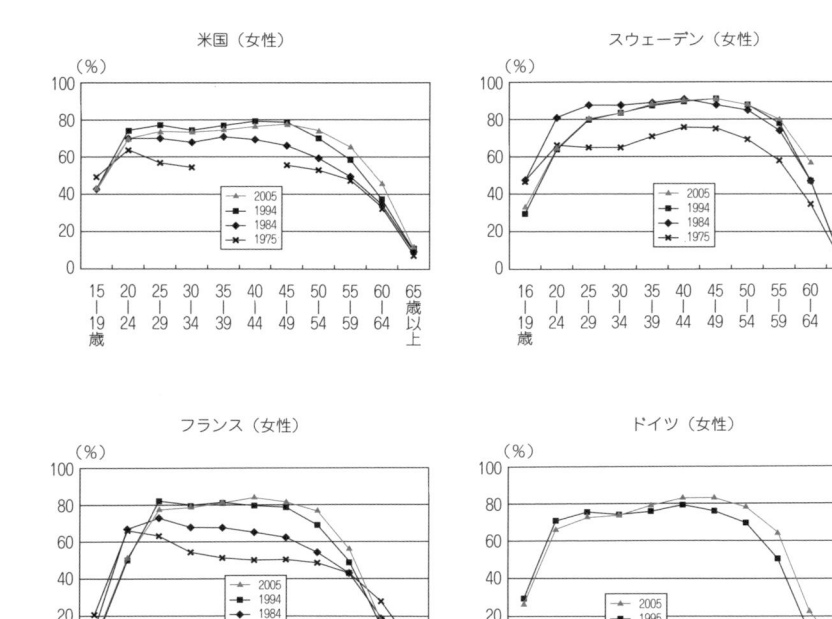

米国（女性）　スウェーデン（女性）
フランス（女性）　ドイツ（女性）

資料：内閣府，『男女共同参画白書平成19年版』，p.20

年）。5択における正解肢だった。

　日本の女性の年齢別労働力率はM字型曲線を描く，としばしばいわれる。これは横軸に年齢，縦軸に労働力率をとると，ローマ字のM字型のグラフが得られることによる。その際，M字型の中間の労働力率の落ち込みは，女性が出産・育児期に労働市場からいったん退場することによるものと理解されている。

　本節では「シャドウ・ワーク」の一環として子育てをとらえてきたが，これらのジェンダー問題は家族問題の文脈で扱われることが多い。各種試験の社会

学の扱う領域として，家族問題は不動のものとして存在しているといえる。

●福祉職にとって社会学とは

　社会学とは，ふだんの生活で何気なしに見聞きしている事象を，意識的に読みとく学問である。福祉を学ぶ人，福祉職に就く人は，社会学で重視されているトピックとして次の2点をひとまず理解しておきたい。

　第一に，組織や人間関係のあり方への視点である（ネットワーキングの例）。第二に，ジェンダーを含めた家族問題である。

　これらがなぜ福祉に関係あるのか，断片的にこれまで伝えてきたが，最後にまとめてみよう。

　前述のキーワード「ネットワーキング」「シャドウ・ワーク」「DINKs」「M字型曲線」などは，福祉現場で即効的に役立つとはいいがたく，これらを用いて目前の問題に処方箋を与えることは難しい。どれも法的な対応策でもなければ，相談援助やコミュニケーションの具体的テクニックでもない。

　しかし，現場の業務とまったく無関係でもない。知っているのと知らないのとでは，物事への理解の深さが違う。

　例えば，高齢者の男女の違いを他者に説明する際，自分の印象や体験だけで語るのか，それとも「ネットワーキング」という概念を念頭に置いて伝えるのかでは，重みが違う。また少子化対策を考える際，「DINKs」という概念を考慮するか否かでは，洞察の深さが違う。社会福祉士や精神保健福祉士，介護福祉士や保育士のように，国家試験を経て福祉現場を背負っていく人材には，まさに過去の知見に鑑み，現場を俯瞰し，抽象化をしていく思考が必要となるだろう。それが社会学の学習を通じて蓄積される。

　さらに，社会学の知識をもつことは偏見を減らすことにもつながりうる。福祉現場で遭遇する人々（クライエントや患者など）には，通常からするとまれな状況に置かれた人もいるだろう。しかし，そうした人の背景にある生活や歴史的経緯，社会の中での位置づけなどが深く理解できると，対応がずいぶん変わってくる。つまり，その人を「特異な例外ケース」ととらえるのではなく，

「起こりうるケース」ととらえて冷静に理解し，対応できる。すると簡単に偏見をもったり，差別したりできるものではない。社会学が福祉職の志望者にもたらすのは，こうした偏見のない視野やイメージともいえる。

問題研究：社会調査の重要性

2007（平成19）年11月の「社会福祉士及び介護福祉士法」の改正を受け，2009（平成21）年度より，大学等の教育カリキュラムと国家試験の内容が変更されうることは，前のコラムでも言及した**(「児童福祉論」の章参照)**。

その一環として注目すべき一つは「社会調査」である。「社会調査の基礎」という科目がカリキュラムの中で必須科目になる予定である（30時間分）。また国家試験の中でも，独立した1科目となる。昨今，社会調査の重要性が注目されてきているが，それが反映されているといえよう。

従来，アンケートやインタビューなどは，専門的な調査技術を知らなくとも，誰でもできるものととらえられていた。そのため，いわば質の低い社会調査が行われ，調査結果への不信や，調査協力における消極性などが世には存在していたことは否定できない。

しかし2003（平成15）年，社会調査の専門家のそろう「日本社会学会」などが「日本社会調査士資格認定機構」を発起し，「社会調査士」と「専門社会調査士」なる資格認定を始めた（最初の認定は2004年）。前者は大学学部，後者は大学院レベルの専門性を有する資格である。

福祉諸分野でも，社会調査の知識や技術の向上がもたらす利益は計り知れない。例えば，地域社会の福祉ニーズの把握，サービス利用者の見解の把握，従業員の就業状態の理解など，枚挙にいとまがない。また本書でも，幾度となく統計的資料を提示したが（児童福祉や高齢者福祉の章など），それらはまさに社会調査によって抽出された知見である。ぜひ社会調査を有効な知識・技術として学んでほしい。

●おわりに

　結局，社会学とは何だろうか。いろいろなトピックを様々な角度から研究する分野にみえるが，しいていうなら「社会のしくみ」を探求する分野である。ただし，社会学が基本的な拠りどころとするのは（他の学問領域のように），お金の動きでも，心理状態でも，法律でもない。「人間関係のあり方」である。それを武器に社会のしくみを読みとく分野といえる。

　トピックでいえば，家族やジェンダーに関するもの，あるいは組織に関するものが，福祉関連としては多々扱われている。

　福祉職をめざすに当たって，当面，社会学という分野にこれ以上の定義が必要とは思えない。つきつめて定義をはっきりさせるより，自分の興味にしたがって，あるいは試験問題の傾向にしたがって，学習を続けていくことが有意義である。

第4章　人間関係や家族への注目　75

【確認問題】次の記述文の正誤を答えなさい。

□□①ネットワーキングとは，企業などでみられる厳格な主従関係とは異なり，柔軟で横並びの人間関係の形成のあり方をいう。

□□②ステップ・ファミリーとは，子どもを有する親同士が再婚してつくる家族である。

□□③DINKsとは，結婚後，夫婦ともに仕事をもちながら子どもを育てる家族のことである。

□□④家事のように，必要不可欠な行為なのに，賃金に反映されない労働のことをシャドウ・ワークという。

□□⑤日本の女性の労働力率をグラフにすると30代前半を中心に低めになり，その後また上昇する。これをM字型曲線という。

【確認問題の解答】
① ○　② ×（どちらかの親だけ子どもを有するケースもある）　③ ×（二人仕事をしながら子どもをもたない）
④ ○　⑤ ○

【文献】
1）三好春樹，『男と女の老いかた講座―老いに上手につき合える人，つき合えない人』ビジネス社，2001．
2）J.リップナック，& J. スタンプス，『ネットワーキング―ヨコ型情報社会の潮流』プレジデント社，1984．
3）斎藤嘉孝，「大都市近郊地域における高齢者の社会参加」植村尚史・主任研究者『高齢が進んだ大都市近郊地域等における高齢者の社会参加促進方策とその地域社会に与える効果に関する研究』平成17年度研究報告書（平成16－17年度厚生労働科学研究費補助金政策科学推進研究事業）：211-218，2006．
4）野邊政雄，「高齢者の社会的ネットワークとソーシャル・サポートの性別による違いについて」『社会学評論』50(3)：375-392，1999．
5）斎藤嘉孝，「高齢者の社会参加と電子コミュニティ―NPO法人の実践例からの福祉施策的示唆」『西武文理大学研究紀要』9：37-48，2007
6）野沢慎司ら編著，『Q&A　ステップファミリーの基礎知識―子連れ再婚家族と支援者のために』明石書店，2006．
7）イリイチ，I.,『シャドウ・ワーク―生活のあり方を問う』岩波書店，2006．
8）内閣府編，『平成16年版・高齢社会白書』ぎょうせい，2004．
9）社団法人全国老人保健施設協会編，『平成18年版・介護白書』ぎょうせい，2006

第5章 心と行動を科学する
——心理学

キーワード

受容	共感
同情	いじめ
不登校	発達
家族療法	バーンアウト
心理検査	知能指数
精神年齢	EBM

●はじめに

　心理学は，目前の相手の心理を読む「読心術」ではない。ましてその相手の思っていることをピタリと当てる便利な道具でもない。

　心理学はだいたいの傾向として「こういう属性の人はこう考えがちである」ということはある。これまでの実験・調査・臨床の結果から，経験的に思考を推測するのは，心理学の常套手段である。

　また心理学は心理状態だけを対象にするのではない。人の「言動」，人と人とのやりとり，コミュニケーションなども含んでいる。つまり，目にみえない

「こころ」の状態ばかりが対象ではなく,他者が客観的に観察することのできる「行動」も範疇にしている。よって心理学は,正確にいえば「心と行動についての科学」のようなものである。

心理学は本来とても幅広い。巷(ちまた)にあるテキスト・参考書をみればわかるが,たくさんの単元に分かれている。だが,それらをすべて学習していたら途方もない時間と労力を要する。社会福祉の学習者にとって,すべてが必要なのではない。当初から的をしぼって学習した方がよい。

では,どこに的をしぼるべきだろうか? 結論をいえば,高齢者の心理学,児童の心理学,そして心理検査方法であろう。本章では,それらを順にみていきたい。

●高齢者の心理学

日本で高齢化が進展していること,そして社会福祉の中心的対象の一つが高齢者であることは疑いがない。そうした状況で,高齢者の心理や行動を扱うのが,社会福祉士や介護福祉士の国家試験の心理学において頻繁なのは,当然といえば当然である。

例えば社会福祉士国家試験(第15回-50)では,「介護施設における認知症高齢者の生活環境整備・援助」が出題された。認知症高齢者の介護をめぐって考える問題である。

同問題ではまず,高齢者の居室を「個室」にすることの心理的な面での是非が問われている。認知症高齢者にとって個室での生活は,よい面と悪い面があるが,それが何だかイメージできるだろうか?

まずよい面としては,プライバシーが確保できること,それによって高齢者が自己の存在を落ち着いて確認することなどがある。逆に否定的な面は,例えば個室に居住することで,その人が孤立したり,ひきこもったりしかねないことである。自分のスペースが確保されるということは,そこから出にくい気持ちになることでもある。

別の設問では,施設の外に高齢者を買物に連れ出すことの心理的是非が問わ

れている。マイナスの効果として，軽度の認知症のケースでは，「支払いの計算ができないために自信をなくす」などの可能性が挙げられる。そうなれば買物はよいとはいえない。しかし，うまくゆけば高齢者の自立意識が高まったりもする。すなわち買物によって高齢者の心理状態は良好になる可能性がある。これはプラスの効果である。

　高齢者については今後も社会的話題性が高いと思われるし，心理学での出題もさらに予想される。ぜひとも注目しておきたい。

◎家族への注目

　心理学では，高齢者本人だけでなく，その家族にまで，ときには範囲が及ぶ。例えば，高齢者を介護する家族の心理について，資格試験で問われている(社会福祉士国家試験の第17回-50，介護福祉士国家試験の第16回-47)。

　介護状態になってつらい思いをするのは高齢者本人だけではない。家族もまた苦しむことがある。まして介護を始めたばかりで慣れないうちはよけいであり，トラブルや悩みは多い。

　心理学の知見によれば，こうした状況で専門家は家族に一貫した態度をとるのがよいようだ。家族の気持ちをありのまま受け入れる行為である。これを「受容」という。[1]

　例えば，ある家族が「身内を介護するのに疲れたし，いやだと感じている」と告白したケースを想像してみよう。そのとき必要なのは，家族に「それはいけないことだ」と意見することではない。介護負担による疲労は，家族による思いやりのなさや責任感の欠如からくるものではない。むしろ誰でももちうる負担ととらえる。心理学の知見はそう「受容」する。

　さらに言えば，受容する際に大切なのは「共感」である。共感は臨床心理学の実践で最も重要な行為の一つである。[2,3]

　疲労感をもち，負担を感じる家族がまず求めているのは，自分を否定されることでもなければ，今後のために反省をすることでも，アドバイスを受けることでもない。むしろ，自分の介護のつらさや負担について共感してもらうことである。「大変だった」「つらかった」ことを，他者に聞いてもらい，うなずいてもらうことを求めている。それが家族の心理的安定に，極めて大きな効果を

もたらす。

　しかし，ここで留意すべきなのは，「共感」と「同情」は別であることだ。共感は必要だが，同情はすべきでない。このことは，社会福祉士国家試験（第18回-42）でも扱われている。

　では，共感と同情は何が違うのだろうか？

　ひと言でいえば，家族との距離感のとり方である。「同情」は，家族と一体化しかねない。家族は「一緒の気持ちをもつ人だ」と思いかねない。しかし，それは専門職として適切でない。

共感（うなずいている絵）と同情（泣いている絵）

　しかし「共感」には，適度な距離感がある。家族と同じ感情をもっているわけではなく，あくまで家族のやったことを「肯定」しているのである。気持ちを家族に同化させているのではない。だから，家族も同一の感情を求めてこない。むしろ家族が自分で立ち直り，自分でやり方を見つける努力をするようになる。

　こうした高齢者の家族の心理も，社会福祉士や介護福祉士の国家試験の頻出トピックである。また，一般的にも介護負担は注目を集める話題となっている。[4]注目しておきたい。

●児童の心理学

　高齢者とともに社会福祉の対象として重要なのは児童である。それは心理学においても同じである。児童を研究する心理学者は非常に多いし，社会福祉士や介護福祉士の国家試験における「心理学」系科目でも児童に関する問題は頻出である。

　とりわけ出題テーマとして，いじめ，不登校，障害などが多い。いうなれば，一般的な大多数の子どもたちを扱う問題というより，むしろ少数者の（保護を要する）児童を話題にした問題が多い。

◎いじめ

　まず，いじめについての心理学である。例えば過去に心理学で出題されたのは，いじめの対象者は誰かというテーマである。

　いじめに関わる児童たちを俯瞰的にみたとき，誰が関わっているととらえられるだろうか？

　もちろん「いじめっ子」と「いじめられっ子」の存在は明白である。しかし，それだけではない。[5]

　社会福祉士国家試験の第18回 **(問題44)** では，その二者以外に，あと2つのタイプの児童たちが関わっていることが問われた。その2タイプがどんな児童か，イメージできるだろうか？

　それは第一に「観衆」である。いじめの存在を知っていて，楽しみ，はたから「応援」するような児童である。実際はいじめっ子に近い心情なのかもしれないが，自らは手を出さない。いじめを見て，ときに笑ったり，はやしたてたりする。

　第二に「傍観者」である。いじめるでもなくいじめられるでもなく，周りからはやし立てるでもない。まったく関与していないようにふるまう。だが，いじめがあることは知っている。これが4タイプのなかで，人口的に最も多いといわれる。このタイプは，一見いじめに関わっていないようだが，大きく関わ

っている。実は、いじめがエスカレートするか、それとも減速するかは、この タイプしだいと理解されることもある。

いじめの構図

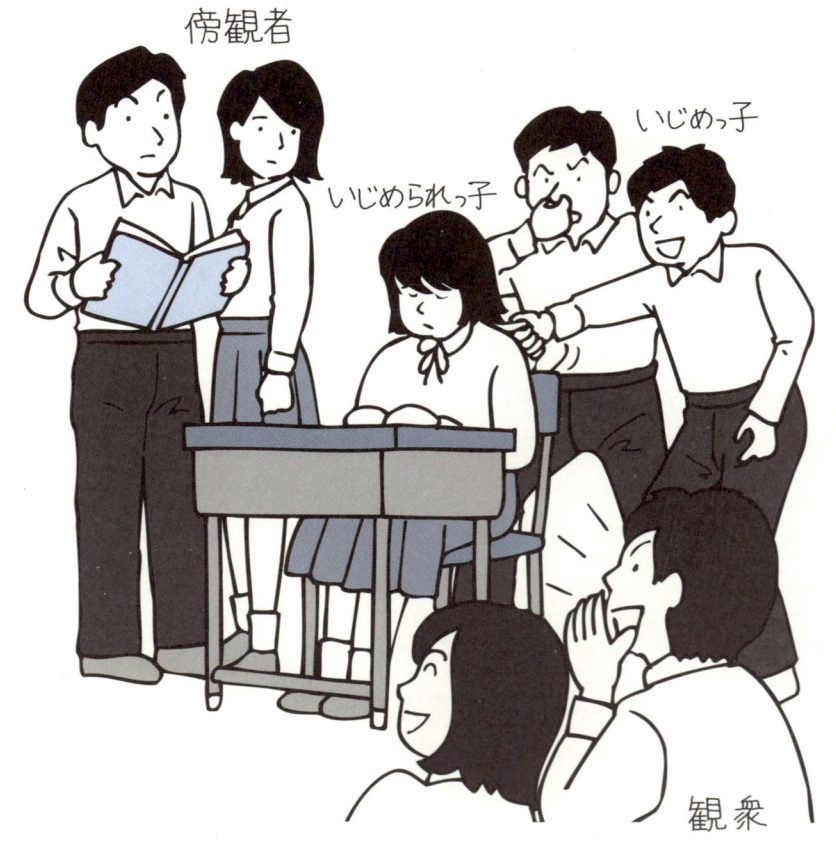

傍観者
いじめられっ子
いじめっ子
観衆

　従来、教師が学校現場でいじめに対応する際、指導や矯正の対象となるのは、いじめっ子といじめられっ子だった。その両者に対応すれば事態は改善されると思われてきた。いじめっ子にいじめをやめさせ、いじめられっ子に精神的なケアを行うことが大切だと考えられてきた。それ自体悪くない。

　そしてもちろん、その二者以外の児童にも注意は払われてきた。いじめがあったことを他の生徒に伝え、指導してきたと、教師たちは唱えるだろう。評価されるべきことだし、そういう教師が大勢いることはわかる。

しかし，検討する余地はないだろうか。いじめがあった事実を教壇から話し，それをもって「ほかの子にも指導した」「ほかの子にも注意をむけた」と主張するのは，間違いではない。が，大多数に「観衆」や「傍観者」であることをやめさせ，いじめっ子やいじめられっ子と同じように「矯正」の対象と，どれだけしてきただろうか。とりわけ「傍観者が今後も傍観者でなくなるための矯正」をどれだけ認識し，実践してきただろうか。

また，心理学的知見によれば，観衆と傍観者には別個のメッセージが必要なことも示唆される。つまり意識的に別個に対応した方が，効果が望める。それを徹底して実践しているだろうか。

学校の教師に酷評を与えるのがここでの目的ではない。心理学の知見が実生活や社会現象に根ざした実用的なものであることを，再認識したい。

◎不登校

子どもに関するまた別の問題として，不登校がある。これについても心理学は言及している。

不登校とは1～2日の欠席ではなく，ある程度の期間，学校に行かない状態をいう。以前は「登校拒否」と呼ばれたが，近年ではそう呼ばれていない。なぜだろうか？

答えの一つは，当人の気持ちへの配慮にある。つまり，自分の意思で「拒否」しているのではなく，むしろ「行きたくても行けない」状態にある子どもの心情に配慮している。そういう子どもたちが今は多い。そこで「不登校」という言い方が増えている。

不登校の原因は簡単には特定しがたい。本人の性格もあるだろうが，家族との仲もあるし，また学校での友人関係もある。それらが総合的に不登校という現象をつくりだすと考えられる。

社会福祉士国家試験（第15回-45）では，まさにこの「児童が不登校に陥る原因」について問われた。結論的には，その原因は一様でないことを理解していれば解けた。例えば，選択肢として提示されたものを挙げると，原因を唯一「いじめ」に置くもの，「本人の性格」に置くもの，「母親との分離」に置くものなどがあった。しかし，ポイントは，どれか一つだけを唯一の原因として特

定するのは賢明でないことだ。それがわかっていれば，この問題は解けるものであった。

◎発　達

年齢によって児童の心理や言動は変遷する。加齢により心理状態や行動様式が変遷するのを専門とする領域を，心理学のなかでも「発達」という。保育士の国家試験では，独立した試験科目になっているほどの重要な領域である（「発達心理学」という試験科目がある）。社会福祉士や介護福祉士の国家試験でもよく出題がある。

発達心理学でよく用いられるのは，人間の一生はいくつかの段階に分けることができるというモデルである。そして，各段階における思考や行動の様子が特徴づけられている。子どもでいえば「乳幼児前・後期」「幼児期」「児童期」「青年期」に分類されるのが代表的である。[6]

表5-1　発達段階

1	乳幼児前期 (0歳～1歳)	信頼対不信	母親またはその代理者	信頼と楽観性
2	乳幼児後期 (1歳～3歳)	自立性対恥・疑惑	両親	自己統制と適切さの感じ
3	幼児期 (3歳～6歳)	積極性対罪悪感	基本的家庭	目的と方向：自分の活動を開始する能力
4	児童期 (6歳～12歳)	勤勉性対劣等感	近隣：学校	知的・社会的・身体的技能の有能さ
5	青年期	同一性対同一性拡散	仲間集団と外集団：リーダーシップのモデル	自己を独自な人間として統合したイメージをもつこと

また社会福祉士国家試験の第16回では，「児童期」の特徴が問われた（**問題43**）。だいたい6歳から12歳ぐらいまでの時期で（日本でいえば小学生の時期），特徴として，集団内での自分を意識したり，ルールを守ることを覚えたりすることがある。

児童期の子どもについて，保育士国家試験でも問われた（**2005年「発達心理学」-10**）。いくつかの選択肢のうち，次のものがあった。

> 児童期の子どもたちは遊びを通して仲間意識を強めて，行動を共にする。秘密の規則や場所をもつなど結束力の高い仲間集団が顕著になる時期をギャングエイジという。

まさに児童期の特徴を表している。

また児童期の後半では，自分を客観的に評価し，もう一人の自分の目から反省できるようになる。

そして，性役割などを本格的に自分のものにして行動基準をつくるのは，次の段階「青年期」であり，児童期にはそのあたりがまだ不完全といわれている。

研究紹介：家庭における中学生の男女差

学校や友人関係だけでなく，家庭での言動も，小学生のときより中学生になってからの方が男女の違いが明確にみられるようになる。

「子どもの学業成績に，家庭生活の要因がどう関係するか」を検討した実証研究がある。そこでわかったのは，小学生の家庭要因は男女で似ていることである。例えば，家庭に書籍や情報機器などがそろっていることや（物理的な環境），親が学校生活の支援をしてくれることなどが，学業成績と関係する。男女に有意な統計差がない。

しかし中学生になると，男女差が有意にみられる。女子と比較して男子は，家族からの独立心が強まるためか，親に学校生活をうるさく干渉されることが学業成績により強く関係している（負の関係を示す）。

小学生と中学生は，発達心理学によれば，別個の特徴をもつと理解される。「児童期」と「青年期」は，それほどまでに違うものだと，データに裏づけられる一例である。

文献：斎藤嘉孝，「家庭環境の学業成績への影響―男女差は存在するか？」『家計経済研究』67：67-73, 2005.

◎障害児の家族

児童の心理や行動を扱うトピックのなかで，もう一つ社会福祉士や介護福祉士の国家試験でよく出題されるのは，障害児やその家族である。ここでは特に家族に焦点を当てたものに注目する。

例えば「障害の受容」という言葉がある。[1] 聞きなれない言葉かもしれないが，子どもをもち，ある時点でその子が障害を抱えていると判断された場合，親がいかにわが子を受容していくかが問題となる。子どもの障害を即座に受け入れるのが「よき親」なのだろうか？

典型的なケースでは，最初から受容することは困難である。どんなにいい親でも，現実はそんなにうまくいかない。ふつう親自身が障害を抱えたかのように苦しみ，悩む。しかし，いくつかの段階を経て，最終的に「障害児としてのわが子」を受容する。時間を要するのは，子どもへの愛情に欠けるとか，親としての責任感に欠けるとか，あるいは障害者への差別だとか，そういう問題ではない。誰にも生じうる心理・行動であり，受容に至るには一朝一夕でない。そう心理学は説明する。

具体的には，最初は障害を否定する段階として「否認」，次に周囲へのやつあたりや「怒り」，さらに一時的回避としての「取引」，そののちだんだん受け入れざるを得ないために生じる「抑うつ」を経験する。そして最後に「受容」するというプロセスである。

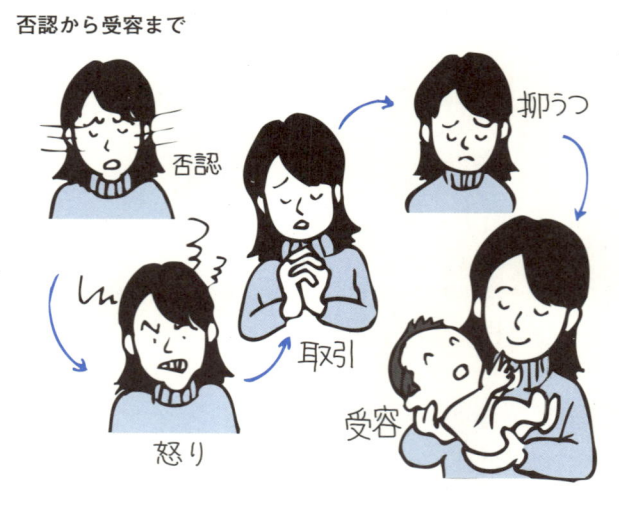

否認から受容まで

受容までのプロセスで，親が特段何もせずにそれまで通りの生活を送り，自然に障害を受容するのは至難の業である。そこでは専門家による継続的なサポ

ートが効果的といわれる。また，同じ境遇の親同士のネットワークに参加することも，効果的といわれている。
　介護福祉士国家試験（第17回-44）では，次のような選択肢の正誤が問われた。

　障害児の親の場合，療育を円滑に進めるためには，将来の見通しを含めて，親に障害について正しく理解してもらうようなサポートが必要である。

　この記述の内容は正しい。まさに障害児の親には，専門家や同じ境遇の人たちからの情緒的なサポートが必要である。

◎家族療法―心理療法の一つ

　「心理療法」は，心理学のなかでも重要な一領域であるし，社会福祉士や介護福祉士などの資格試験でもたびたび出題されている。ここでは心理療法の一つ「家族療法」に注目したい。
　家族療法は，問題をもつ本人に療法を行っても，それだけでは不十分であると着想する。本人だけいくら治癒しても家族がそれまでと同じ状態ならば，治療の甲斐がなく，日常生活でまた元に戻ってしまう。症状の改善にならない。ではどうしたらよいのだろうか？
　例えば，明らかに母子関係に問題があるとすれば，問題を抱える子ども当人だけでなく，キーパーソンである母親も治療の対象にする。それだけではない。ここで家族療法の強みが現れる。家族療法は，それ以外の父親や兄弟などにも目を向ける。一見，父親や兄弟は関係ないようにみえても，問題の一端を担う可能性がある。そこまで視野を広げて治療を行うと，実際に効果をあげることがある。このように家族療法は，一つの現象をつくりだすのは子ども当人やキーパーソンだけでなく，家族全体であるとみなす。
　児童福祉論の章でも取り上げた小説「永遠の仔」では，性的虐待を父親から受けた女性が主人公の一人だった。彼女は入院し，精神的な治療を受けていたのだが，定期的に自宅で宿泊の機会を与えられた。そのとき，父からまた性的

行為を迫られてしまう。そんなことを繰り返していた。これは本人だけを治療の対象としても意味がない典型といえる。家族療法の立場でみれば、父親や家族のほかの人たちも治療対象として考えてよかった。

●一般成人対象の心理学

　高齢者や児童だけでなく、そのほかの一般成人を対象にした心理学の分野も多々存在する。資格試験の出題との兼ね合いでここでは深く言及しないが、一つ簡単にふれておく。

　どんな一般成人が対象になるのだろうか？　その答えは、例えば産業心理学という分野にある。

　「バーンアウト」（燃え尽き症候群）について出題されたことがある（**社会福祉士国家試験の第19回-44**）。高齢者でも児童でもなく、主に成人の働く人たちを対象にした概念である。とりわけサービス業に従事する人が、対人関係における慢性的ストレスなどにより、情緒的消耗感の上昇、個人的達成感の低下、脱個人化などの症状をみせることを「バーンアウト」（burn out）と呼ぶ。[7]

　例えば会社員Aさんが営業部署におり、入社以来、上司に命令され、得意先を開拓することに精魂をつぎ込んできた。上司と得意先から受けるストレスは並大抵のことではないが、自分で選んだ道だからと仕事を続けてきた。いつかは課長や部長のイスをねらいたいとも思ってきた。

　しかし、ある時期に疲れがピークに達し、何事に対してもやる気が起こらなくなった。「毎日こんなにぺこぺこして楽しいのか」と、自分の仕事にむなしさを感じるようになった。また、上司と得意先に気にいられるようにふるまうことが、自分が自分でないようにも思え、ばからしく思えてきた。

　こうした状況がバーンアウト症候群である。

　なにも企業人に限らない。サービス産業の一つとして、福祉職も例外ではない。対人ストレス、燃え尽きなどは、福祉現場でも起こりうる。

　この予防策は様々に検討されている。例えば人員配置の見直し、あるいは職場研修を通じた上司と部下の関係性の見直しなどである。近年、こうした機会

が提供されつつある。

> **問題研究：断定表現には要注意!?**
>
> 　試験では，選択肢を選ぶ際，あまりに断定した表現には気をつけた方がよい。
> 　社会福祉士国家試験の第19回にバーンアウト（燃え尽き症候群）の問題が出題された（問題44）。5つの選択肢のうち誤ったものを一つ選ぶ問題で，選択肢の一つとして次のものがあった。
>
> 　「仕事上の悩みを解決する」「職場での不満を話す」などの上司や同僚への自己開示は，職場での自分の評価や立場を悪くすることもあり，バーンアウト対策のソーシャルサポートとしては，効果がない。
>
> 　結論をいえばこの選択肢が「誤肢」だったが，内容はともなく，語尾の表現に注意したい。「…効果がない」というのは，それ以外の可能性を残しておらず，言い切りすぎである。こういう語尾の表現を「誤肢」と考えてよい可能性は，極めて高い。
> 　逆に，「…といわれている」「…と考えられる」「…こともある」など，逃げ道のあるニュアンスの語尾もよくある。こうしたあいまいな表現で終わる選択肢の方が「誤肢」であると断定しにくい。じっくり見極める必要がある。

●心理検査

　心理学の重要事項の一つに「心理検査」がある。心理検査とはいっても，対象は心理状態だけでなく，言動や他者とのコミュニケーションも含んでいる。
　医学では，人の身体の状態を把握するために血圧，血糖値，体脂肪など，様々な検査を行う。それと同じで，心理学にもいろいろな検査がある。どれも心理や行動を客観的に測定するため，数値で示される。これらの検査結果をもとに，今後どのように対応していったらよいか，また現在までにどれほどの改善（悪化）が進んだのかなどをチェックする。
　社会福祉士国家試験（第17回-45）でも，いくつかの検査について出題されている。例えば，4つの検査の名称とその内容が挙げられ，それぞれの是非を

問うものがあった。

「知能指数」を測る検査がある。知能指数は「IQ」と呼ばれ、広く知られている。どんな測定方法をするかは、心理専門職でなければ詳しく知る必要はない。しかし、知能指数を測る代表的な検査の名称の一つぐらいは、社会福祉に携わる者として知っておくべき、というのが出題者の意図だろう。結論をいえば、当設問（**第17回-45**）で点数をとるには「WISC―Ⅲ知能検査」という名称を知っていればよかった。

同様に「精神年齢」を測る検査がある。精神年齢は一般的に知られた言葉だが、精神の発達を示す指標である。やはり心理職でなくとも、名前の一つぐらいは知っておくべきということだろうか。例えば、「田中ビネー知能検査」が問われたことがある（**第17回-45**）。なお、当検査は「知能」が名称に含まれているが、測定するのは「知能指数」ではなく、精神年齢である。間違いのないようにしたい。

ほかに例を挙げれば、認知症（認知機能）についての検査がある（**社会福祉士国家試験の第18回-41**）。認知症のスクリーニング（選定）のための検査である。つまり、ある個人が認知症かどうかを知るためのチェックすべきポイントをまとめて簡易化し、使いやすくしたものである。代表的検査として「改訂長谷川式簡易知能評価スケール」があり、日本では多用されている。

このように、心理検査の問題は比較的シンプルである。介護福祉士国家試験でも同様の傾向がある。要するに名称と内容を知っていればよいことが多く、たくさんの暗記が必要なのではない。ぜひ得点源としてほしい。

●福祉系資格試験の心理学とは？

本節では、おおまかなイメージで心理学を理解するため、福祉系資格試験の心理学の特徴を考えてみたい。

まず一つは、制度的な話題が中心ではないという特徴がある。これは福祉系資格試験の科目のなかでは珍しい。

例えば、同じように児童を扱うといっても、児童福祉論と違って、関連制度

（例：児童相談所，児童養護施設，家族手当）に言及することはほとんどない。高齢者を扱うにも同様で，老人福祉論と違って諸制度にはほぼふれない。そういう意味で，目先の制度改正や世の中の動きに敏感な他科目とは一味違う。心理学の目は行政や制度に向いているというより，むしろ人間の心理や言動のメカニズムに向いている。

　心理学のもう一つの特徴は，科学ベースという姿勢である。検査を行い，それに基づき（数値を駆使した）診断をし，そして対応や治療を行う。その効果をさらに検査することで，対応や治療を修正していく。すなわち「検査」→「診断」→「治療」→「検査」……という科学的サイクルが実践されている。

　近年の医学の重要なコンセプトとして「EBM」がある。Evidence Based Medicine（証拠／根拠に基づく医療）の略である。これは，医師が自分の経験によって治療をするだけでなく，客観的データに基づいて治療をすべきという概念である。当然に聞こえるかもしれないが，医学の世界ではつい近年まで大量データを結集して科学的知見にすることが，あまり一般的な話ではなかった。例外を除き，自分の経験や知見を総動員するしかなかったのが，少なからず医師の現実だった。

　しかしEBMでは，まさに「検査」→「診断」→「治療」→「検査」……というサイクルが基本となる。医学と心理学は，この意味で方向性を同じくしている。現場の経験によって，患者や利用者に対応・治療しているだけではなくなってきている。

◎一つの提案として

　心理学の出題の特徴の3つ目は，筆者なりの提案にもつながる。確かに心理学は，児童や高齢者，その家族といった人たちの心理や言動に注目している。それはそれでいい。しかし，現場スタッフにとって，他者との関係はこれだけではない。すなわち利用者や患者やその家族ばかりではない。

　ではほかに何があるだろうか？　それは同じ職場にいるスタッフとの関係である。これをもっと勉強すれば，職場の人間関係もスムーズになりうると思われる。それが患者や利用者，その家族によい影響を与えることも多々あるはずである。

しかし，資格試験の心理学の特徴として，それらはほとんど出題されていない。本来，心理学は産業心理学をはじめ，職場の人間関係にはずいぶん言及しているはずである。

この点は出題者がもっと意識してよいかもしれない。

研究紹介：在宅医療におけるチーム医療体制

認知症高齢者がどこに居住し，毎日の生活を送るかは大きな問題である。従来，ケアや医療は施設内だけでなく，在宅でも行われてきた。

筆者らは2007年，医師を対象に意識調査を行った。テーマは「在宅の認知症高齢者への医療行為」についてである。

調査前にはスタッフ間の協働について「自分以外の医療・福祉スタッフとの協働が必要だ」と，医師は認識しているだろうと予想した。しかし調査結果をみると，ほかのスタッフとの協働よりも，むしろ医師同士の協働の方が，よい結果をもたらしている可能性が読みとれた。

例えば，協働相手で分けた場合，相手が医師だと，ほぼすべてが「自分の在宅医療はうまくいっている」と答えたのに対し，相手が看護師だと，評価が分かれた。「うまくいっている」という意見と，「そうでない」という意見に二分した。

この結果は，認知症高齢者への医療やケアの現場で，まだチームやコメディカルによる方法論が確立あるいは浸透していない現れのように思える。今後は医師だけでなく，他スタッフとも協力して結果が出せるようになるのが望ましいのではないだろうか。

文献：斎藤嘉孝，「認知症高齢者に対する在宅医療をおこなう医師の特質——患者やその家族との関係性やソーシャル・キャピタルに注目して」『西武文理大学紀要』10：61-68，2007.

●おわりに──心理学はなぜ試験科目か？

心理学は，なぜ福祉系資格試験の試験科目として必要なのだろうか？ この問いを最後に考えてみたい。以下，4点読み取りたい。

もちろん第一には，心理学で長年にわたって蓄積されてきた理論，概念，発想などを学ぶ意義がある。本章でみてきたような内容だが，それを学ぶのは福祉職として働くうえで何らかの役に立つだろう。抽象的な言い方ではあるが，

それが第一の意義である。

◎相談援助における心理学からの学び

　第二の点はもっと具体的である。福祉職の活動は他者とのコミュニケーションが不可欠である。言葉遣いや話の進め方，非言語（ノンバーバル）な要素など，利用者や患者，その家族と対面するときに注意せねばならない点はとても多い。それに関する知識を与えてくれるのが，この心理学である。そして，心理士と呼ばれる心理学分野の専門職の人たちから学ぶべき点も多い。

　具体的に考えても，社会福祉士や介護福祉士の国家試験で取り上げられる概念に「バイステックの7原則」がある[8]（「児童福祉論」の章でも言及した）。その原則では，例えば患者や利用者を否定するのでなく，また条件つきで認めるのでもなく，「ありのままを受容」することが求められる。この発想は，もとは心理学的な分野から出てきたものである。それが社会福祉の相談援助に応用されている。

◎社会福祉は厚生労働省？

　福祉系資格試験科目としては珍しく，心理学では文部科学省の管轄事項が試験で扱われる。ほかの科目がほぼ厚生労働省の管轄事項なのとは対照的である。

　例えば，スクールカウンセラーに関するものがあるが，これは他の科目のなかで異彩を放っている。

　おそらく読者は，社会福祉士になるための学習を行い，そして現場で働く以上，「厚生労働省」を意識することは多々ある。資格が付与されるのもそうだし，様々な許可も厚生労働省から与えられる。

　確かに社会福祉制度の多くは，現在，厚生労働省の管轄である。しかし「国民の生活を守るもの」という社会福祉の原点に帰れば，社会福祉が本来対象とする範囲は厚生労働省の事業だけに収まらない。その現れの一つがスクールカウンセラーなど児童への対応であり，文部科学省とも重なる。ほかの福祉系科目の学習の際には気づきにくいポイントだが，心理学はこれに気づかせてくれる。

◎心理専門職との協働に向けて

　最後に、とても実際的な話になるが、社会福祉の専門職として働いていると、現場で「心理専門職」に会うことは多い。児童福祉・高齢者福祉・障害者福祉など、領域を問わない。児童相談所の相談員、スクールカウンセラー、病院や診療所の心理士などがその例である。彼らは独自の学会や人脈、そして知識や学問的背景をもっている。ちょうどそれは医師や看護師などがそれぞれ独自性を有しているのと同様である。

　心理学を学ぶメリットは何だろう。その答えの一つをとても実際的にいえば、「心理専門職と付き合いやすくなる」ことではないだろうか。

　心理学を学べば、彼らがどんな理論を知っており、どんな語彙を好んで使用するかなどがわかるようになる。すると彼らと話を合わせることがずっと容易になる。逆に、彼らが「何を知らないか」も理解できる。先述したように彼らは社会福祉制度のことにはあまり通じていないかもしれない（個人差は当然あるが）。そうしたことが、この科目を学習することでわかるようになる。

【確認問題】次の記述文の正誤を答えなさい。

□□①認知症高齢者の介護に疲れた家族には，まず同情してあげることが必要である。

□□②いじめを傍観しているクラスメートたちは，当事者とはいいがたい。

□□③発達心理学でいう児童期とは，6歳から12歳ぐらいをさす。

□□④自分の子を障害児として受け入れる前に，その障害を否定したり，自らの精神状態が不安定になったりする親は少なくない。

□□⑤バーンアウトとは，工場労働者などが単純な労働を日々繰り返すことで，何事にもやる気をなくしてしまう状態をいう。

【確認問題の解答】

① ×（同情ではなく共感） ② ×（傍観者という部類の当事者） ③ ○ ④ ○ ⑤ ×（工場労働者よりも対人サービス系において多い）

【文献】

1) 中田洋二郎，『子どもの障害をどう受容するか―家族支援と援助者の役割』大月書店，2002．
2) 沢田瑞也，『カウンセリングと共感』世界思想社，1998．
3) 鈴木康明，『共感的態度の形成 基礎編―ホームヘルパーのための心理教育』川島書店，1998
4) 平松誠，近藤克則，梅原健一他，「家族介護者の介護負担感と関連する因子の研究（第1報）」『厚生の指標』53(11)：19-24，2006
5) 森田洋司，「いじめ四層構造論」『現代のエスプリ』228：57-67，1986
6) エリクソン，E.H.，エリクソン，J.M著．，村瀬孝雄，近藤邦夫訳『ライフサイクル，その完結』みすず書房，2001
7) フロイデンバーガー，H.・川勝久，『燃えつき症候群―スランプをつくらない生きかた』三笠書房，1983．
8) バイステック，F.P.著，尾崎新，原田和幸，福田俊子訳『ケースワークの原則―援助関係を形成する技法・新訳改訂版』誠信書房，2006．

第6章 最近の自治体政策を中心に——地域福祉論

キーワード

- 社会福祉協議会
- 日常生活自立支援事業
- 非営利組織（NPO）
- 自立支援
- ノーマライゼーション
- 社会福祉法
- 地域福祉計画
- 特定非営利活動促進法
- 在宅ケア
- 地方分権

●はじめに

　地域社会の人間関係が希薄になったといわれて久しい。特に郊外や最近できた新興都市に暮らす成年層にとって，近隣の人間関係はふだんさほど重要ではない。読者のなかにも「地域福祉論は自分にあまり関係がない」とイメージする人はいるかもしれない。

　しかし「地域福祉論」という科目は，地域社会の人間模様を中心に扱うのではない。では何を扱うのだろうか？

　答えは，地域（自治体）の福祉や行政の「政策」である。いうなれば地域福祉論とは，「市町村や都道府県の政策論」のようなイメージである。同科目

は，いわばマクロな視点で議論を展開する。ミクロな地域の人間関係をあまり中心的に扱わない。ほかの科目でも随時そうした諸政策は言及されるが，地域福祉論ではそれがもっとまとめて取り上げられる。

試験科目のなかでは，比較的幅広い出題範囲をもつ方かもしれない。だからこそ，いろいろ手を出して注意が分散しがちになる科目かもしれない。しかし対象をしぼれば，十分に対策できる。ポイントを先に挙げるならば，「社会福祉協議会」「地域福祉計画」「NPO」などがよく資格試験に出題されている。本章ではそれらに焦点を当てたい。

●社会福祉協議会（社協）

地域福祉論の重要事項の一つは，地域福祉の中核を担う「社会福祉協議会」である。ふつう「社協」（シャキョウ）と呼ばれている（以下，社協と呼ぶ）。社協については社会福祉士国家試験でほぼ毎年出題されているだけでなく，介護福祉士の「社会福祉概論」でもよく出題されている。

社協について，みなさんはどれぐらいご存知だろうか？

実は，現在ほぼすべての都道府県と市町村に設置され，それぞれ「市町村社協」と「都道府県社協」がある。組織形態としては，どれもほとんどが社会福祉法人であり，専属の従業員と，外部からの参加者によって運営されている。そして，社協の根拠となる法律は，社会福祉の重要な法の一つ「社会福祉法」である。

◎市町村社協と都道府県社協の役割分担

市町村社協と都道府県社協では役割が異なるので，注意したい。まず市町村社協だが，最も重要な役割は，社会福祉を目的とする事業の企画や実施といってよい（社会福祉法第109条第1項第1号）。実際，子育て関係や介護関係の事業など，様々な事業を実施している。みなさんも最寄りの社協がどんな社会福祉活動をしているか，インターネットなどで調べてみると，よりイメージがわくだろう。

実際，ある社協では下のような活動を行っている（東京都三鷹市）。非常に幅広い活動をしているのがわかる。まさに地域住民のための福祉全般を範疇にしている。

東京都三鷹市社会福祉協議会の例

1. 児童・ひとり親家庭
   （例：子ども会助成，ひとり親家庭レクリエーション事業）
2. 障がい者福祉
   （例：障がい者団体・施設などへの助成）
3. 高齢者福祉
   （例：老人クラブ助成と活動支援，いきいき大学開催）
4. 介護保険・介護支援・障害者自立支援
   （例：在宅介護支援センター運営，ホームヘルパー派遣）
5. ふれあいのまちづくり
   （例：ほのぼのネット活動）
6. 権利擁護センターみたか
   （例：福祉サービス利用援助，福祉サービス苦情調整）
7. そのほか
   （例：献血推進活動，福祉バザー，福祉映画会）

出典：三鷹市社会福祉協議会ホームページ（筆者により一部抜粋）
http://www.mitakashakyo.or.jp/syakyo_towa/shigoto/index.html

市町村社協のもう一つの重要な役割は，住民によるボランティア活動への援助である（社会福祉法第109条第1項第2号）。当該地域で活動するボランティア団体やNPOなどに対して，経済面，人材面，広告面などでサポートを行っている。

これは介護福祉士国家試験（**第18回-5**）でも取り上げられた。設問として，

<u>市町村社会福祉協議会の事業の一つとして，社会福祉に関する活動への住民の参加のための援助がある。</u>

という文章が出された。まさにその通りで，市町村社協には，住民による社会福祉活動を援助する役割がある。

また市町村社協の特徴として，社協外部からの参加者を求める点がある。つまり自分たちの従業員だけで運営するのではなく，ボランティア団体やNPO，民間企業などから社協に参加している。市町村社協が地域に開かれ，

住民参加を推進する主体であることは，こうしたところにも現れている。

次に都道府県社協についてである。市町村社協のように地域での具体的な事業企画や実施は行わない。むしろ市町村の後方支援的役割をはたす。例えば，社会福祉事業の従事者の質を高めるため，従事者の養成および研修を行っている（社会福祉法第110条第1項第2号）。このことは社会福祉士国家試験（**第17回-37，第19回-37**）でも出題された。

また，地域の社会福祉事業体が健全な経営状態を保つことは，公共の福利でもある。そのため都道府県社協は，福祉経営に関する指導や助言を行っている（社会福祉法第110条第1項第3号）。いわば福祉経営コンサルティングを行っている。

もう一つ，都道府県社協の重要な役割として，複数の市町村社協の間の連絡役がある。各市町村社協はふつう独自に事業を進めているが，周辺の市町村社協と連携する方がよいケースもある。そういった場合に都道府県社協が連絡役となり，複数の市町村社協の協働をスムーズにさせる。

例えば，社会福祉士国家試験の第14回（**問題33**）で出された問題のなかに，下のような例が提示された。これは都道府県社協が連絡役をはたした好例である。

> ある郡内の3つの町村社協が，各々で訪問入浴サービスを行っていたが，県社協と協力して運営の広域化を図った。

社協の役割を知ること，そして市町村社協と都道府県社協の役割分担について知ることは重要である。過去の社会福祉士国家試験では，**第14回-33，第15回-34，第17回-37，第19回-37**と頻出である。

◎権利擁護の事業─都道府県社協の仕事として

重要なのでつけ加えるが，都道府県社協のもう一つの仕事として「地域福祉権利擁護事業」（現在の名称は，日常生活自立支援事業）がある。社会福祉士国家試験で第17回（**問題39**）に大きく扱われた。

「地域福祉権利擁護事業（あるいは日常生活自立支援事業）」というと，漢字

がたくさん並んで何のことかイメージがわかないかもしれない。だが，内容はとても具体的で，明確である。要するに認知症高齢者，知的障害者，精神障害者などのサービス利用者の権利を擁護するのを目的として，彼らの苦情を聴いて対応する事業である。

　この事業は比較的新しく，1999（平成11）年に始まった。同事業のメリットは，利用者の日々の悩みや不満が解決できるようになったのが第一だが，それだけではない。

　以前だと顕在化しにくかった利用者の事情が明るみに出やすくなった。サービスを受けているのに不満がある，あるいは家族や周囲の人によって権利が侵害されているなどである。これらを当事業が顕在化させた貢献は無視できない。

　介護福祉士国家試験（第16回-2）では，次のような文章の正誤が問われた。

> 福祉サービス利用援助事業の適正な運営の確保と福祉サービスの利用者等からの苦情の解決のために，市町村社会福祉協議会に運営適正化委員会を置かなければならない。

　この間違いに気づくだろうか？　正しくは「市町村」ではなく「都道府県社会福祉協議会」である。この手のひっかけ問題は今後も出題される可能性がある。なお，運営適正化委員会とは第三者機関として都道府県社協に設置されるものである。

●地域福祉計画

　社協と並んで地域福祉論の重要な事項は「地域福祉計画」である。これも「自治体がどんな政策を展開しているか」を扱う政策論の一環である。この地域福祉計画について知るには，まず時代をさかのぼって考える必要がある。

　そもそも今から20年以上前の1980年代には，社協が地域の社会福祉の担い手として活動するよう求められていた。つまり，地域福祉の主となるのは行

政（自治体）ではなかった。

それは1984（昭和59）年に社協の全国組織である全国社会福祉協議会が『地域福祉計画―理論と方法』を作成したことに端を発する。このなかで社協が地域の社会福祉を担うことが明記された。そして，これに基づいて社会福祉が実践されたのが1980年代だった。

◎「市町村地域福祉計画」ができるまで

しかし，1990（平成2）年に流れが変わった。社協でなく，市町村に「老人保健福祉計画」の作成が求められるようになった（混乱を避けるため，背景の詳細をここで知る必要はないが）。[1,2] 高齢化の進む社会のニーズに答えるため，高齢者福祉に関しては市町村が計画を立て，実行するよう求められた。

この流れは，のちに高齢者だけでなく障害者や児童などの福祉にも及んだ。これらが包括的に総合され，2000（平成12）年に各市町村が「市町村地域福祉計画」を作成するよう求められるようになった。この市町村地域福祉計画は，社会福祉法第107条に規定され，現在でも努力義務として実施されている。

こうして市町村は現在，社会福祉の計画を総合的に企画し，実行することになっている。例えば児童福祉関連でいえば，市町村は5年ごとに次世代育成に関する行動計画を策定せねばならないし，毎年1回の公表もせねばならない。あるいは高齢者福祉関係では，介護保険事業計画なるものを策定せねばならない。

◎都道府県は地域福祉「支援」計画

市町村の状況は前述の通りだが，では都道府県はどうなのか。実際，都道府県にも似たような計画作成が求められている。それは「地域福祉支援計画」と呼ばれる。

市町村と違い，「支援」という単語が挿入されているだけあって，実際に企画・実施するのではない。むしろ後方支援という立場で，市町村の社会福祉を支援することになっている。

市町村と同様，計画の企画・実施は強い強制力があるというより，努力義務と解釈されている。実際のところ，自治体として全般的福祉計画を立てるとい

うよりも，各部署が担当の計画を立てる例が少なくない。それをもって地域計画とするのである。

社会福祉士国家試験（第17回-40）では，次のように問われた。

> 都道府県には，市町村地域福祉計画の作成を推進するため，地域福祉支援計画の策定が義務づけられている。

設問の一選択肢として，この一文があったが，誤文として見抜くことが求められた。あくまで努力義務の範疇である。

●非営利組織（NPO）の隆盛

近年，行政でも民間企業でもない，第三の存在が重視されつつある。[3,4) その従事者は増え，社会に与える影響力は今や無視できない。

最近の社会福祉士や介護福祉士の国家試験では，この第三の存在「非営利組織（Non-Profit Organization）」（以下NPOと呼ぶ）について出題されている。地域福祉論だけでなく，社会学など他科目でも注目されている。先ほど社

阪神淡路大震災により倒壊した阪神高速道

写真提供＝共同通信社

協の節でふれたが，市町村社協は積極的にNPOの活動をサポートしている。

歴史的特徴としては，1998（平成10）年，特定非営利活動促進法（NPO法ともいう）という法律ができた点が重要である。そもそもこの法律は，1995（平成7）年の阪神淡路大震災の経験に基づいて成立した。

阪神淡路大震災のときのボランティアたちの様子をご存知だろうか？

行政よりボランティアたちが，迅速な対応をし，大きな役割をはたしていた。行政のアクションは時間を要する場合があり，緊急の対応に弱い部分もあることが露呈した。この経験から，政府は，行政でも民間企業でもない「非営利団体」の存在をもっと認めるべきと考えるようになり，数年後，同法が成立するに至った。

同法の成立によって，それまでボランティアとして活動していた人たちが，下記のような要件を満たすことで法人格を有することができるようになった。行政でも民間企業でもない団体に，法律上の立場が認められるようになったのである。

特定非営利活動法人の要件とは…
① 特定非営利活動を行うことを主たる目的とすること（例えば，保健・医療・福祉，社会教育，まちづくり，学術・文化・芸術・スポーツ，環境保全，その他）
② 営利を目的としないものであること
③ 社員の資格の得喪に関して，不当な条件を付さないこと
④ 役員のうち報酬を受ける者の数が，役員総数の3分の1以下であること
⑤ 宗教活動や政治活動を主たる目的とするものでないこと
⑥ 特定の公職者（候補者を含む）又は政党を推薦，支持，反対することを目的とするものでないこと

「特定非営利活動促進法」より，筆者が抜粋

近年，社会福祉目的のNPOが多数活躍している。[5] 同時に行政も，地域福祉においてNPOを登用する流れにある。例えば，介護事業や子育て支援事業（あるいは環境問題）などの委託先として，今やNPOは欠かせない。これは「官から民へ」という近年の政策の一環ともいえる。

福祉職を目指す人は，自らがNPOの職員になることもあるだろうし，そう

ならずとも，福祉現場でNPOの方々とふれあう機会は多いだろう。行政でも民間企業でもない第三の存在は，今後も社会で重要な役割を担っていくと予想される。NPOとはどんな要件を満たした団体で，どんな活動をするものなのか，知っておくことには多大な意味がある。

> ### 研究紹介：非営利組織のリーダーとメンバー
>
> NPOの運営者にとって，協力してくれる人が集まるかどうかは，重大な問題である。そこで，NPO研究の組織論の話題の一つは「いかにリーダーがメンバーを集めるか」にあった。
>
> ある実証研究では，リーダーの尽力とメンバーの数の関係を実証的に調べている。つまり「リーダーが尽力すればメンバーがたくさん集まるのか」という問いをデータで検証している。データには，米国の全国規模のNPOが用いられた。
>
> 出された答えの一つは「リーダーの尽力がメンバーの数に関するかどうかは，メンバーの関わり具合や，リーダーの在任期間によって異なる」だった。例えば，あまり関わっていない名簿上だけのメンバーは，リーダーが尽力すればとにかく数だけは増える。それはリーダーの在任期間とも関係ない。
>
> しかし，実際に体を動かしてくれるようなメンバー（ボランティア）は，リーダーの在任期間がある程度長くないと多くならない。新入りのリーダーがいくら尽力しても，関係ない。
>
> こうした知見がすべての団体に当てはまるとは限らない。しかし，NPO組織の一つの特徴として理解してよい。
>
> 文献：Saito, Y., "Social Participation & Organizational Factors,"『西武文理大学紀要』(9)：61-67, 2007.

●地域福祉の新しさ

地域福祉には，比較的新しい動きが反映されている。ここでいくつかのキーワードを用いて，地域福祉の新しい流れを論じてみたい。

まず，地域福祉では事後的対応や「治療」的傾向だけでなく「予防」が比較的強く強調されている（厚生労働行政を追えば一目瞭然である）。[5] もちろん地域だけでなく，施設内でのサービスや関連施策も「予防」の要素を多分に備

駅にエレベーターを設置してバリアフリー化を促進

えており，それを否定するものではない。しかし，地域福祉は予防を一つの柱としてかなり重視していることは疑いがない。

公共の場や交通などのバリアフリーなどは地域福祉の「予防」的傾向の一つといえる。これは高齢者や障害者などのけがや事故などが起こる前に，問題を未然に抑える意味あいもある。

また現在さかんに実施されている子育て支援ネットワークの整備も，問題が生じる前（あるいは深刻になる前）に親たちをサポートする動きの一環である。

研究紹介：韓国高齢者の社会参加

韓国には「敬老堂」というサービスがある。敬老堂とは，地域在住の高齢者が通う場所で，全国どこでも160戸に1か所の割合で設置義務がある（建築法による）。これは地域在住高齢者の健康維持，つまり「予防」に寄与する政策と考えられる。

朝から夕方まで開いており，いつ行ってもいつ帰ってもいい。日本にもサロン事業として似た制度があるが，その時間の長さや開放日の多さ，全国的な普及状況などは比ではない。それに韓国敬老堂では昼食がふるまわれるので，朝からいる人が夕方まで帰宅する必要がない。これも日本とはずいぶん違う。

敬老堂は，日本の厚生労働省に当たる政府省庁（保健福祉部）に管轄されている。もとは地域の有力者（両班）が，貧困者たちに自宅の一部を貸していたことに端を発するという。

> 　日本でこの制度をそのまま取り入れるべきと主張しているのではない。しかし，イベントや活動を特別に提供しなくても，近所にいつでも開いている場が提供されているのが重要という発想には，見習うべき点があるのではないか。
>
> 文献：斎藤嘉孝・近藤克則・平井寛・市田行信，「韓国における高齢者向け地域福祉施策─『敬老堂』からの示唆」『海外社会保障研究』159：76-84, 2007.

　また従来だと，社会福祉サービスには手厚いケアが必要で，ケアが多ければ利用者は満足するだろうなどと考えられてきた。しかし別の動きとして，近年それよりも「自立支援」が強調され，地域福祉の領域で積極的に実践されている。[5]

　例えば問題を抱えた児童や，認知症を発症した高齢者，精神障害者や知的障害者に対し，従来の行政サービスは，施設で手厚くケアを提供することをよかれと思ってきたふしがある。

　しかし，現在は「自宅や地域でいかに過ごせるか」への関心も強い。つまりは「在宅ケア」をはじめとした地域在住者への関心といってもよい。在宅で毎日の生活にどんなサポートをしてあげられるか，それは政府や自治体にとって重要な課題となっている。

　在宅ケアが重んじられる背景には，施設サービスが高コストになり，在宅の方が安く済むだろうとの試算もある。[6] だが同時に，当人たちの人権や「通常の暮らしをしたい」との思いも多分に考慮された方向性である。近年の地域福祉の流れの一つといえる。

　別の言い方では「ノーマライゼーション」(normalization) ともいう。障害者や疾病患者，高齢者などを特別な存在とせずに，地域社会で共生していくことをさす言葉である。特別なケアを強調せずに，みなで「ノーマル」な生活をしていくことである。

　最後に，日本の政策のいろいろな領域にいえることかもしれないが，「中央集権」より「地方分権」という流れがある。これは経済や教育において，特区での地方自治体の裁量が認められ，すでに多くの実践があるのと流れを同じくする。

　社会福祉の領域では，地域福祉論でいう「地域福祉計画」がまさにこの例である。福祉政策は一括して中央政府によって行われるのでなく，地方自治体の

裁量で実践されていくことが求められている。自治体ごとに，財政，人口構成，産業，文化などが異なるのだから，それは当然のことなのかもしれない。

資格試験でもこの点を扱うものが出題されている。例えば保育士国家試験（2005年「社会福祉」-7）では，次の記述の正誤を問うものがあった。

> 社会福祉における中央集権は，全国一律の社会保障制度を構築するため，今後も中心的な役割を果たすべきものと期待されている。

これはもちろん誤りである。「中央集権」や「全国一律」というのは，現在の流れに逆行する表現である。むしろ，次のような記述（やはり保育士国家試験）が正しい（2004年「社会福祉」-1）。

> 我が国では社会福祉の地方分権化が進み，地方公共団体は従来以上に福祉政策の主体としての役割を担っている。

●おわりに

地域福祉論は新しい動きを比較的反映してきた分野である。だからこそ，これからも変革する可能性を多く秘めた分野でもある。一度にあまり多く手を出さず，しっかりと核の部分を押さえつつ，学習を進めるとよい。

第6章 最近の自治体政策を中心に

【確認問題】次の記述文の正誤を答えなさい。

☐☐①社会福祉法人の経営の安定を支えるため、市町村社協では福祉経営の指導を行っている。

☐☐②都道府県社協は福祉サービス利用者の権利擁護のための事業を行っている。

☐☐③現在、地方自治体に「地域福祉計画」の策定・実行が義務づけられているが、これが実施されたのは2000年以降である。

☐☐④地域福祉支援計画のなかには、高齢者福祉の一環としての「介護保険事業計画」の実行が含まれている。

☐☐⑤NPO法人認可の要件として、「団体の目的」は特段制約を受けていないが、特定の宗教や政党を支持するものであってはならない。

【確認問題の解答】

① ×（市町村社協ではなく都道府県社協）　② ○　③ ○　④ ×（地域福祉支援計画は都道府県社協による。記述の内容を特に含まない）　⑤ ×（団体の目的には制約があり、特定の非営利活動に限定される）

【文献】

1) 平野方紹,「社会福祉基礎構造改革と地域福祉計画」島津淳, 鈴木眞理子編著『地域福祉計画の理論と実践―先進地域に学ぶ住民参加とパートナーシップ』ミネルヴァ書房：12-29, 2006.
2) 島津淳,「保険財政と介護保険事業計画」島津淳, 鈴木眞理子編著『地域福祉計画の理論と実践』ミネルヴァ書房：87-108, 2005.
3) 豊田保,『福祉コミュニティの形成と市民福祉活動』萌文社, 2005.
4) 塚本一郎, 古川俊一, 雨宮孝子編著『NPOと新しい社会デザイン』同文舘出版, 2004.
5) 厚生労働省,『厚生労働白書・平成18年版』ぎょうせい, 2006.
6) 濃沼信夫他,「在宅医療の医療経済」大内尉義他編『高齢者の退院支援と在宅医療』メジカルビュー社：210-217, 2006.

第7章 健康な生活を保障する —社会保障論

キーワード

- 賦課方式／積立方式
- 厚生年金
- 標準報酬月額
- 遺族基礎年金
- 老人保健制度
- 標準報酬日額
- 労災
- 国民年金
- 保険料率
- 障害基礎年金
- 医療保険
- 傷病手当金
- 労働保険
- 雇用保険

●はじめに

　「社会保障論」は，それを知らない人にとっては内容がイメージしにくい科目かもしれない。いや，社会保障のことを知っている人でも，科目内容はイメージしにくいかもしれない。児童福祉論や老人福祉論のように，特定の対象がみえにくい。では，社会保障論とはいったい何だろうか？
　社会保障論は，がいして「健康な生活を保障するための行政の仕組み」を扱う分野である。広く社会保障論といった場合，すべての福祉や生活保障などを

含めることもある。

だが、福祉系資格における当科目では、主に年金、医療、労働などを扱う。ほかのトピックもこの科目で扱われているが、中心的なのはこれらである。

もっと言えば、その意味での社会保障論はいわゆる「各論」といってよい。つまり一枚岩の科目ではなく、いくつかの各論「年金制度論」「医療保険論」「労働関係保障論」などの結合体である。これらに共通するテーマを無理に特定する必要はないが、しいていえば「健康な生活を保障する」というのが共通項かもしれない。以下、それぞれの各論のおもしろさや重要性をみていきたい。

●各論1─年金制度

現代の日本でよくも悪くも話題に事欠かないのが、年金制度である。しばしばニュースや新聞の話題となり、選挙では重要な争点の一つとなる。年金未納の問題もあれば、財政赤字の問題もある。制度改正もしばしばある。刊行物や学術論文も多い。[1,2] まさに国民的話題となっている。

年金制度はふつう社会福祉士国家試験では社会保障論で扱われ、重要な構成要素である。一見、高齢者問題の一環として老人福祉論で扱われそうにみえる。しかし、年金は高齢者に限定したものではなく、世の中の社会保障の一環である。それが証拠に、給付されるのは高齢者だけでなく、遺族や障害者も対象である（詳細は後述）。

年金制度はそもそもなぜ必要なのだろうか？

答えは「高齢者をはじめとして、自ら収入を得ることが困難な人の生活を継続的に保障するため」である。だから、一時的な給付金ではなく、定期的な給付金である必要がある。

しかし、一定条件のもと、誰にでも給付される公的扶助と違い（**「公的扶助論」の章を参照**）、年金はそれまで十分に「拠出」していないと給付の対象にならない。例えば若いときに一銭も年金を支払っていない人が、「必要になったから」といって高齢者になって給付されるものではない。

◎年金は「老後への積み立て」か？

　年金は，自分で収入を稼げなくなったときのために，若いときから払っておく「貯金」や「積み立て」だとイメージしていないだろうか？

　だとしたら，それは間違いである。現在のあなたの年金は「将来の自分のため」に払っているのではない。では何のためなのだろうか？

　「世代間扶助」という言葉がある。ある世代が，異なる世代に対して扶助することをさす。年金はこの考え方に基づいている。

　いま働ける現役世代が，すでに引退した高齢世代を助けているのである。例えば，あなたが20代か30代だったら，年金は40～50年後の自分に払っているのではなく，現時点の高齢者たちに払っているのである。別の言い方をすれば，あなたが70代になったときに給付されるのは，現役時代に自身が払ったものでなく，その時点の若年世代が払ってくれているものである。

　なぜ，そんなやり方なのだろうか？

　それは，年金の額が時代の景気や物価，貨幣の価値を見極めながら決定されるからである。例えば現在多く支払っていても，自分が給付されるときには貨幣の価値が下がっているかもしれない。すると現在と同じ経済的価値をベースに給付されても困ることになり，もっと時代に合った臨機応変の対応が望ましくなる。

　同様に，そのころは人口構成も違うだろうし，日本の置かれた世界情勢も違うだろう。それらに柔軟に対応するには，その都度，財政状態に照らし合わせてやっていく方がよい，これが現在の年金制度の考え方である。これを「賦課方式」という（ただし，そもそも積立を基本にしているので，正確には「修正積立方式」という。実質はかぎりなく賦課方式に近いが）。

　一方，将来のために貯蓄する年金のやり方もあり，それを「積立方式」という。これは今の世の中ではリスクが大きいと理解されており，多くの先進国は賦課方式をとっている。

　これらの方式については，社会福祉士国家試験（第14回-11）でも出題された。基礎的知識なのでぜひ押さえておきたい。

◎誰が年金を払うか

年金を払うのは国民の義務といわれているが，ではあなたは今いくら払っているか，ご存知だろうか？

まず，20歳未満は，まだ払わなくてよい。

20歳以上の人はいくら払っているだろうか？

すぐに答えが言える人はそういないだろう。「自分は払っている」とは言えても，正確な額はなかなか言えないだろう。

20歳以下でも学生ならば，納付免除の対象となる。つまり払わなくてよい。ただ注意せねばならないのは，学生の誰もが無制限に免除されるわけではないことである。一つには，自分の所得が一定以下である必要があるし，もう一つには，特例を受けるための申請をせねばならない。特に後者は，学生であることを行政が自動的に把握して，免除の手続きをしてくれるわけではない。自分でやらねばならない。

なお，納付が免除された期間は「カラ期間」として扱われる（保険料免除期間）。言い換えれば，払わなくても，とがめられないだけの話であり，払ったことになるわけではない。だから，カラ期間の長さに応じて，給付額は下げられる。ただ，取り返せないわけではなく，あとから納付することもできる。後追いの納付は10年まで認められている。例えば学生のときに払わなかったぶんを，働くようになって20代のうちに後納し，カラ期間がない場合と同じ給付額に戻すことは可能である。

◎1階としての「国民年金」

年金制度は多重性が特徴である。主に「1階」「2階」といった部分で成り立っているといわれる。

では，「1階」に当たるのは何だろうか？

それは「国民年金」と呼ばれる制度である。この1階の国民年金があってこそ2階も成り立つ。

国民年金では，月極めで一定額を支払う。自営業は振込みなどで支払い，被雇用者（いわゆる勤め人）は給料からの天引きなどで支払う。ちなみに，2007（平成19）年度時点の支払い額は，月14,140円である。これが基本的

に毎年280円ずつ引き上げられ、2017（平成29）年度に月16,900円になったところで落ちつく予定である。

　一方、受け取る側の額（つまり給付額）は2007年度時点で基本的に月6万6,208円である。納付額が一律だから、給付額も原則的に差がない。ただし、この額は納付期間が満期の人の場合であって、支払い期間に欠ける人は給付額も少ないことになる。

　給付開始年齢は、原則65歳からである。しかし開始を70歳まで遅らせれば、そのぶん金額が高くなる。逆に開始を60歳に早めることもできるが、そのぶん金額は低くなる。ちなみに70歳まで遅らせると基本額の142％に上がり、60歳まで早めると70％にまで下がる。

　介護福祉士国家試験（第18回-10）では、試験時点での年金月額をたずねる問題が出された。今後またそうした出題がなされてもおかしくない。

◎2階としての「厚生年金」——会社員

　しかし、現役時代の消費生活や貯蓄額、あるいは高齢者になってからの生活の仕方などに、当然個人差はある。国民年金だけでは十分に暮らしていけないという人もいるだろう。そのために存在するのが「2階」部分の年金制度である。1階に上乗せする形で納付し、そして給付される。

　2階は職業によって異なる。会社員か、公務員か、それとも自営業か、という違いが決め手になる。

　会社員ならば「厚生年金」の対象となる。厚生年金では、納付額は給与によって異なる。その納付額は、給与の何％を納付するというように定められているが、この％を「保険料率」という。2007年後半期は約15％である。例えば給料が20万円だったら、そのうち15％の3万円が納付される。しかし実際には事業主（つまり会社など）と折半することになっているので、約7.5％が事業主負担、残りの7.5％が自己負担となる。つまりこの例だと1万5千円ほどが自分の給与から天引きされる。

◎標準報酬月額とは？

　しかし実際は、給与額が階層的な1級～30級に当てはめられる。こうする

ことで，日本全国の対象者すべてを1円単位まで個々に計算する手間がはぶける。「この級の人たちを全員，この月給としよう」と，ある範囲の人たちの給与を標準化し，便宜的な額を当てはめる。それが「標準報酬月額」である。

例えば，最低額の第1級の人の給与は月10万1千円未満，最高額の第30級の人は60万5千円以上とみなす。

いくつか挙げると，次のようになる。

	範囲	標準報酬月額
第1級	101,000円未満	98,000円
第2級	101,000円以上〜107,000円未満	104,000円
第3級	107,000円以上〜114,000円未満	110,000円
…	…	…

話を保険料率に戻そう。この標準報酬月額の15％を，保険料として支払うのである。例えば，1級の人は9万8千円の約15％（約14,700円）を支払う。

なお，2017（平成29）年9月までに保険料率が18.3％に引き上げられる。少しでも多くの財源を確保する策であり，年金の財政難が現れている。

給付開始の年齢は，そもそも60歳からだったが，これも財政難のため段階的に引き上げられる計画である。2013（平成25）年度に61歳になる。その後3年ごとに1歳ずつ上げられ，最終的に2025（平成37）年度には65歳になる。それが打ち止めといわれている。

◎2階としての「共済年金」―公務員

以上は会社員の場合だが，公務員ならば，厚生年金ではなく「共済年金」が適用される。また，私立の学校教職員もそうである。

共済年金は基本的に厚生年金に類似する制度である。つまり標準報酬月額が定められ，一定の保険料率による額が，給与天引きで納付される。支給開始年齢も，厚生年金に準じたスケジュールで引き上げられる。

なお，社会福祉士国家試験では，共済年金だけを単独で扱う設問は過去にほとんど出されていない。よって対策としては，「共済年金は厚生年金に似たもの」と心得ることで十分である。そしてあまり時間を割かずに，むしろ厚生年金や国民年金のしくみを学習する方が得策である。

◎2階としての「国民年金基金」―自営業

　会社員でも公務員でもなく自営業者の場合,「国民年金基金」という制度の対象になる。自営業者にとっての2階といえる制度なのだが,これもけっして頻出とはいえない。ひとまずこういう制度があるとだけ知っておけばよいと思われる。繰り返すが,国民年金や厚生年金の学習をした方がよい。

◎主婦たちの年金

　職業をもたない主婦たちはどうなるかと疑問をもつ人もいるかもしれない。もちろん彼女らにも年金がある。

　上でみたような「厚生年金」と「共済年金」の対象となる,いわゆる勤め人(民間サラリーマンや公務員など)は「第2号被保険者」と呼ばれる。一方,自営業者は「第1号被保険者」である。そして,いずれでもない主婦たちは「第3号被保険者」と呼ばれる。

　この第3号被保険者は基本的に自営業者の年金制度に準じた適用を受ける。図7-1に示された通りである。

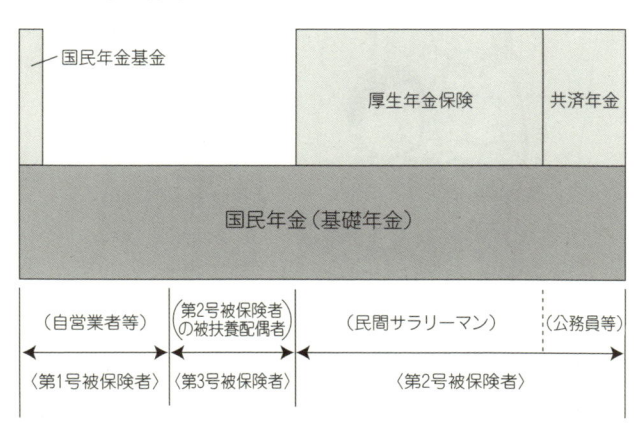

図7-1　年金制度

国民年金基金		厚生年金保険	共済年金
国民年金（基礎年金）			
（自営業者等）	（第2号被保険者の被扶養配偶者）	（民間サラリーマン）	（公務員等）
〈第1号被保険者〉	〈第3号被保険者〉	〈第2号被保険者〉	

◎高齢者以外の年金とは？

「年金は高齢者のもの」というイメージが一般的にあるかもしれないが，年金を受けるのは高齢者だけはない。ほかに誰が受給者なのだろうか？

答えは，そもそもの年金の目的に戻れば明白である。年金とは，「老齢」や「障害」を理由に，あるいは「生計の担い手の死亡」を理由に，収入を得ることができなくなった人を金銭的にサポートするものである。つまり「遺族」や「障害者」も年金受給者となる。

日本の年金制度は，大きく3種類に分けられる。国民年金にも厚生年金にも，それぞれ3種類ある。国民年金を例にとれば，「老齢基礎年金」「障害基礎年金」「遺族基礎年金」の3つである（前節までの説明は，主に老齢基礎年金を念頭においていた。つまり高齢者対象の年金であった）。

では，あとの「遺族」や「障害者」を対象にした年金はどういった制度なのだろうか。それぞれみてみたい。

高齢者，遺族，障害者を金銭でサポート

まず障害基礎年金は，障害になった者を対象にする年金制度である。障害者なら誰でもというわけでなく，「過去に国民年金の被保険者だった」者が対象である。つまり，障害の原因となる疾病の発症前（正確には初診日より前に），保険料を「十分な」期間納付していたことが条件である（「十分な」期間

とは「納付していた期間」と「保険料を免除されていた期間（疾病などによる）」の合計が，被保険者期間全体の3分の2を超えていること，である。ほかにも条件があるので，詳しくは学習の過程で学ぶとよい）。

　もう一つの遺族基礎年金は，一家の生計の担い手を亡くした子，または妻を対象とする年金である。障害基礎年金と同様，遺族ならば誰でも対象になれるわけでない。死亡する前に，やはり十分に年金を納付していたことが条件である。

　以上は国民年金をもとに説明したが，厚生年金にも同様に「老齢厚生年金」「障害厚生年金」「遺族厚生年金」と3種類ある。

　社会福祉士国家試験では，障害年金と遺族年金はよく出題されている。出題数は多くないが，何らかの形でよく出題されている。

　要するに，年金というのは，収入を得られなくなった者への定期的・継続的な金銭的保障である。その理由は高齢に限らない。現役時にしっかりと支払いをしていれば，障害者になろうと死亡しようと，その後の金銭的保障がなされる仕組みである。

●各論2─医療保険

　「社会保障論」は年金制度だけが唯一のトピックではない。本章冒頭で述べたように，社会保障論は複数の各論で構成されている。次の各論は「医療保険」である。[3,4]

　「医学一般」という科目もある。しかし，医学一般の内容は，社会保障論でいう「医療保険」と同一ではない。医学一般は，もっと人体の仕組みに特化している。一方，社会保障論の医療保険は，より制度的な内容に特化している。

　そもそもわれわれは，病院や診療所など医療機関に行って診察を受けるときに金銭を支払うが，かかった費用の全額を支払っていないことはご存知だろう。

　例えば3千円支払ったら，治療に発生した料金は3千円だけではない。通常，成人ならば，ここで本来1万円の料金が発生している。つまり，自分が支

払うのは3割だけであり、残りの7割は別の何かが代わりに支払ってくれる。

医療行為は非常にコストがかかる。そのため、患者が全額支払うことになっていては、われわれは簡単に医療機関の世話になれない。そのため、患者の負担を少なくする制度が必要であり、その制度こそが「医療保険」である。上の例でいう「残りの7千円」は、この保険が支払ってくれる。

しかし、医療保険というのは当たり前の制度ではない。例えば、米国には公的に存在しない。つまり米国政府は治療代を負担してくれない。では、みなどうしているのだろうか。

米国民は個々人で、民間の保険会社と契約をしている。ちょうど生命保険や自動車保険などと同じである。契約する金銭的余裕がなければ、医療保険に加入できない。そのため、医療機関で全額払わねばならない人は、米国には大勢いる。

米国の映画「パッチ・アダムス」（監督：トム・シャドック、主演：ロビン・ウィリアムズ）では、まさにこのテーマが取り上げられた。貧困のために治療を受けられない人々に対し、無料で診療所を開いたのが、主人公のパッチだった。

米国の状況はともかく、日本の医療保険にはどんな特徴があるのだろうか、以下でみてみたい。

◎医療保険の自己負担額

どの医療保険の対象になるかは、職業によって異なる。自営業ならば「国民健康保険」、会社員ならば「健康保険」、公務員（または学校の教職員）ならば「共済保険」に加入することになっている。これはちょうど年金制度と似ている。

支払いは通常、給料からの天引きか、自営業ならば口座引き落としなどである。定期的に掛け金を払っているので、医療機関にかかったときに本人は3割の支払いだけですむ。

しかし以前は、職業で分化される3制度に、明らかな差があった。特に自営業者（「国民健康保険」の対象者）が不利だと問題視されていた。というのは、健康保険や共済保険に加入している会社員や公務員の支払いは2割負担に

すぎなかったのに，自営業者は3割負担していたためである。

しかし，財政難もあり，2002（平成14）年の医療制度改革によって，会社員や公務員も3割負担に引き上げられた。これで自営業者との負担の差はなくなり，今に至っている。

◎高齢者は別枠—老人保健制度

高齢者は身体的な衰えが若年者よりも顕著なのに，収入が少なめである。このことが配慮され，高齢者に特化した制度が適用されてきた。それを「老人保健制度」という（**本書「老人福祉論」の章でも言及**）。関連する事項がこの社会保障論で扱われてきたので，若干説明しておきたい。

75歳以上の高齢者は，医療機関で診療を受けた際，自己負担が費用の1割である。若年者の3割よりやや低い。しかし，高齢者でも所得がそれなりの者もいるため，一定以上所得のある高齢者は，3割負担になっている。

これらは「老人保健法」によって規定されてきた。社会福祉士や介護福祉士の国家試験での頻出事項でもあった。

しかし，2008（平成20）年4月から当制度が改変され，新たな制度として実施されている。「後期高齢者医療制度」と呼ばれ，これまでのように自治体運営でなく，特別地方公共団体によって運営される。

ただし，混乱する必要がないのは，高齢者にとっての負担はこれまで通り1割のままであることだ（一定以上所得者も3割のまま）。

◎傷病手当金とは？

傷病により一定期間，仕事ができないことがあるかもしれない。その療養期間は賃金や報酬がないかもしれない。そんなときに役立つ制度がある。それが「傷病手当金」である。

傷病手当金は4日以上報酬が出ない場合に対象となる。期間は最長で1年6か月である。金額は，欠勤1日当たり，該当者の就業時の1日の報酬の3分の2相当である。全額の給付ではないが，あるにこしたことはない。

少々詳しくいうと，就業時の正確な報酬額が問題なのではない。上記「厚生年金」のところで「標準報酬月額」の話が出たが，それに似ている。「月額」

ではなく「日額」になったものだと思えばよい。これを「標準報酬日額」という。標準報酬日額の6割が給付対象となる。

こうした金銭給付制度が医療保険の対象なのは，いささか意外ではないだろうか。

傷病手当金については社会福祉士国家試験で頻出である。第15回-16，第16回-14，第18回-16などで出題されている。

●各論3──労働保険

社会保障論におけるもう一つの各論は「労働保険」である。労働保険というのは「労災」と「雇用保険」を合わせた総称である。労働者であるがために被る災害や事故，あるいは失業などに対応する制度である。急に働けなくなったときなどに生活を保障してくれる。

資格試験では正直なところ，先の2つの各論（年金制度，医療保険）ほど配点があるわけではない。しかし，毎年コンスタントに出題されているのは間違いない。また試験勉強を抜きにしても，労働という側面をあえて取り上げるのはほかならぬ当科目であり，貴重な学習の機会である。ぜひ実用性も意識して，興味をもって読み進んでほしい。以下，労災と失業保険について順にみてみたい。

◎労災の考え方

仕事の最中に職場でけがをしたり，死亡したりしたら，それは本人の責任なのだろうか？

現在の世の中では「労災（労働者災害補償保険）」という制度があり，「本人の責任ではない」ことになっている。いや正確には，本人に非があったかは別として，責任をもって治療させるのは（費用を負担するのは）雇い主である。また，死亡したら金銭的負担を負うのも雇い主である。

仮にその仕事をしていなかったら，けがにあわなかったかもしれない。そうなれば，就業中のけがの責任は，労働をさせた職場（つまり雇い主）にある。

それは無理な理屈ではない。

　正確には，雇い主がすべてを払うわけではなく，雇い主はふだんからこうした事態に備えて，事が起こった際に保険金が給付されるよう，政府（厚生労働省）に金銭を納付している。

◎どこまで労災？

　さて，労災の対象は仕事中のけがや死亡だけではない。次の3つのケースを考えてみよう。

　例えば，精神的に滅入っている中年サラリーマンがいるとする。現代の日本では珍しくない。やがてこの人はうつ病と診断されたとしよう。さてこの場合，うつ病の治癒は労災の対象になるのだろうか？　けがと違って，職場で起こったとは言いきれないが，職場でのストレスや過労などが原因だったことは大いにありえる。

　第二のケースである。ある日，ある中年サラリーマンの男性が自宅で心臓疾患によって倒れ，数時間後に死亡した。原因は何だったかと元をたどれば，仕事が忙しすぎることだったと推測された。つまり過労死だったとされた。しかし，この男性が倒れたのは自宅であって，職場でもなければ労働時間内でもなかった。とはいえ，仕事がここまできつくなければ，心臓疾患にはなっていなかった可能性が高い。この場合，労災は適用されるのだろうか？

　第三のケースは自殺である。労災は一般的に「故意の」けがを対象としない。それはもっともで，お金がほしいためにわざとけがをして治療代をもらうなどの不正は認められない。しかし，ある男性は職場での心労が重なり，うつ状態になったと噂された。数か月後のある日，自殺した。自殺は自ら命を絶つ行為であって，いわば「故意」の結果である。しかし，仕事がうつを招き，ひいては自殺の原因になったのは明らかだった。この場合，労災は適用されるのだろうか？

うつ，過労死，過労自殺　→　労災が適用

答えをいえば，これら3つとも現在は労災の対象になっている。うつ病など精神疾患も，過労死も，自殺も同様である。[5]

社会福祉士国家試験（第15回-19）では，うつ病になった労働者に対して労災が適用されるか否かを問う問題が出された。原因が業務に求められる場合のうつ病と，それに伴う自殺は，労災の対象であることを知っておくとよい。

◎雇用保険の仕組み

次は，もう一つの労働保険についてである。あなたが急に職を失ったとしたら，どうやって生活費を捻出するだろうか。家族からのサポートや自分の貯金からだろうか？

いや，失業したときに頼りになるのはほかにもある。「雇用保険」と呼ばれる制度が助けてくれる。

仮に失業しても，失業した日からみて過去1年以内に十分な就業期間があれば（6か月以上），雇用保険が適用され，「基本手当」なる金銭が支払われる。

例えば，先月失業したが，それまで2年間働いていたのならば，問題なく雇用保険の適用となる。これは社会福祉士国家試験（**第17回-19**）でも出題された。

では，どれぐらいの額が給付されるのだろうか？ それは生活するに十分な額なのだろうか？

給付額は，就いていた前職の賃金に基づく。それを日払いで計算し，その8〜5割が給付額となる。例えば，日払い計算で1日5,000円だった人は，4,000〜2,500円が給付額となる。

では，どれぐらいの期間，給付してもらえるのだろうか？ 一生続くとは思えないだろうが，例えば半年なのか，1年なのか？

その答えは，人によって異なる。第一に，年齢による。年齢が上の方が，給付期間は長くなる。第二に，前職の在職期間による。それまで被保険者だった期間が長い方が（つまり就業していた年月の長い方が），給付日数は長くなる。第三に，離職理由による。自分の意思で離職した場合よりも，会社の倒産や解雇などの理由で離職した方が，給付日数は長くなる。

こうした条件の背景にあるのは，次の就職が困難な人が長めに保障されるという配慮である。逆に，よりよい職場を求めてステップアップするために自主的に職を辞したような人には，長い給付日数は必要ないとみなされる。

◎日本の労働環境を振り返る

雇用保険のメリットは，失業したときにだけ現れるのではない。現在「パワハラ」（パワーハラスメント：power harassment）などといい，不当に権力を用いて上司が部下に接することが問題になっている。部下は生活がかかっているため，その職を続けるしかなく，上司に従わざるをえない。こんな状態が日本企業ではずっと続いていた。

また労働時間が長く，残業や休日出勤は珍しくない，でもこの職にしがみついていかねば一家の生活が成り立たないなどの事態も，珍しくなかった。

雇用保険によって保障されるのは，失業した期間だけではない。現職であっても「不当に耐えてまで，現在の職場に固執しなくてよい」ことを保障する。たとえ少々の間，職がなくとも，次の展開に向かって考えることができる。

中年男性が職場で苦しい日々を過ごすことで，様々な問題が噴出してきた。[6] 家族のコミュニケーション不足，父親の存在感のゆらぎ，中高年のいきがいの喪失…。特に日本の父親は他国と比べて，子育てへの日常的参画に欠けていると，よく指摘されている。中年男性にとってみれば，働くことがただ給与をもらうための手段となり，ともすれば家庭生活や休日をつまらないものとしてきた感は否めない。

　本来，中年男性が定年退職を迎える前にしておくべきことは多い。それは趣味の創出だったり，家族や地域との人間関係の構築だったりする。時勢は変わりつつあるものの，まだ考慮せねばならないことは山積している。

研究紹介：祖父母と孫の接触は親しだい？

　祖父母と孫の会う機会は，意外にも本人同士よりも，間に立つ親世代に左右されるというデータがある（これは別居の祖父母と孫に限ったデータである）。

　ほかの要因にも当然左右される。例えば関連が大きいのは，互いに住む場所の「距離」である。近い方が，接触頻度は高くなる。

　しかし，孫側の要因（例：時間的余裕，連絡手段としての情報機器など）は，意外にもほとんど関係していない。

　むしろ関係があったのは，「母親の就業」そして「父親の時間的余裕」である。どちらも，労働時間の長さが，祖父母と孫の接触頻度を下げていることを示唆すると考えられる。

　労働はもちろん必要だが，同時に弊害も考えつつ，バランスをとることが必要かもしれない。こんな面にも影響が現れている。

文献：斎藤嘉孝，「子どもと祖父母の接触頻度とその規定要因：親世代の重要性」『共働社会の到来とそれをめぐる葛藤：人間関係』東京大学社会科学研究所 SSJ Data Archive Research Paper Series: 82-95, 2006.

●歴史的事項

　本章でこれまでふれなかったが，社会保障論では「歴史」に関する問題もよく出される。例えば，ビスマルク，ベヴァリッジ報告，救貧法，ウェッブ夫妻…。

　しかし，学生や受験生には，こうした歴史の問題は不評のようである。「過去のことなので頭にすんなり入らない」「日本のことではないので親近感がわかない」「今さら学んで何の意味があるのか」など，クレームを聞くことが少なくない。

　確かに歴史事項には，「暗記事項が多く，難しい語彙も多く，得点源とするにはほど遠い」などとイメージしている人が多いかもしれない。

　いつしかの時代に外国の誰かが何とかいう制度をつくった，その内容は×××である，などと学習するのは，退屈な作業かもしれない。学んだことが実生活ですぐにいきるとも思えない。学習するモチベーションが下がるのもわからないでもない。

◎歴史を学ぶ意味

　しかし，考えてみれば，そのときその人たちが制度を整えなかったら，私たちの現在の生活はどうなっていただろうか。もしかしたら，よほどひどいものだったかもしれない。失業したら頼れるものはない…，医者にかかったら全額支払わねばならない…，高齢者になったら自分の子どもに頼るしかない…。

　こう考えてみてはどうだろうか。過去に制度を整えた人物に敬意を払うのが，歴史を学ぶ意味かもしれない，と。「この人がこの制度をつくったから，今わたしたちがこういう生活ができる」と。だからこそ「医者に行って全額支払わなくてよい」し，「失業しても収入がある」し，「年をとってから年金がもらえる」と考えるのである。そうすると歴史の学習は，知らない国の知らない時代の暗記ではなく，「いまの社会のルーツを探り，それに敬意を払う作業」に変わってくる。

歴史の学習には，もう一つ具体的によい点がある。それは，知っておくべき事項さえ一度自分のものにすれば，「最新の情報を追う必要がない」ことである。資格試験の歴史問題では，すでに評価の固まった事項がくり返し出題されている。制度変更はもうありえない。介護保険や年金制度などとは，ずいぶん異なる。

　要するに皆さんが歴史の学習をどうイメージするかである。「覚えて意味があるのだろうか」などと後ろ向きに考える前に，まずは感謝の意をこめて，先人たちの業績を楽しんで知ってほしい。そして，メリットを知ってほしい。

　なお，歴史事項はテキスト・教科書類の一番はじめに載っていることが多いが，最初に歴史の学習をする必要はない。好きなときに，少しずつ進めばよい。その方がかえって頭に残る。

●まとめ―社会保障論の各論からみえるもの

　福祉系資格試験の範囲をみるかぎり，社会保障論はいくつかの各論で成り立っているといってよい。例えば年金制度，医療保険，労働保険などである。これらは別個の制度だが，通して見えてくるものは何だろうか。

　単純に想像できるのは，これらの制度がなかったら世の中どうなっているかわからないことである。

　本章で扱った諸制度は，まさに私たちの身体的・精神的に「健康な生活を保障する」ものといえる。本章の題名にも掲げたが，社会保障の根幹である。

　現在の日本では，いろいろな社会保障制度が実施されている。われわれはその渦中におり，またそれを学んでいる。ふと想像してしまうのだが，10年後，50年後，あるいは100年後，将来の日本人たちは現在の諸制度をどう評価しているだろうか，肯定的に評価しているのだろうか，制度によっては「ひどいものだ」と悪評が付されているのだろうか？

　これは日本だけの問題ではない。例えば韓国は2008年7月から介護保険の制度を導入する。日本の介護保険について，よい面，悪い面を含めて，たくさんの視察や学習が行われたと聞く。日本の介護保険は韓国の高齢者や国民一般

にも，多かれ少なかれ影響を与えることだろう。

　現在の行政担当者や政治家たちは，国内外を含め，後人たちの評価をどれだけ意識しているのだろうか。のちの世代に尊敬される制度をつくるというのは，けっして簡単ではない。他国で受験生が必死になって覚えるような歴史事項は，やはり「すごいこと」を成し遂げた結果なのではないだろうか。尊敬の意を払いたくなってしまうし，知っておかねばならない気にもなる。

【確認問題】次の記述文の正誤を答えなさい。

☐☐① 現在の日本の年金制度は，その時代の物価などを考慮した「積立方式」をとっている。

☐☐② 厚生年金では，給与額によって30級の標準報酬日額が定められており，それに見合った納付がなされる。

☐☐③ 現在の医療保険制度では，自営業者が3割負担であり，会社員や公務員よりも負担が大きい。

☐☐④ 仕事上の心労によるうつ病に労災は適用されないが，自殺に至ったケースだと適用される。

☐☐⑤ 雇用保険による給付額は，年齢や前職の在任期間などに関係するが，前職の給与額とは関係ない。

【確認問題の解答】
① ×（記述は賦課方式の説明であり，日本が採用しているのは修正積立方式） ② ×（日額ではなく月額） ③ ×（三者とも3割負担で差はない） ④ ×（うつ病も労災対象） ⑤ ×（前職の給与額とも関係する）

【文献】
1) 吉原健二，『わが国の公的年金制度―その生い立ちと歩み』中央法規出版，2004.
2) 中垣陽子，『社会保障を問いなおす―年金・医療・少子化対策』筑摩書房，2005.
3) 二木立，『介護保険と医療保険改革』勁草書房，2000.
4) 吉原健二，和田勝，『日本医療保険制度史』東洋経済新報社，1999.
5) 大阪過労死問題連絡会編，『Q&A 過労死・過労自殺110番―事例と労災認定への取組み』民事法研究会，2003.
6) 柏木惠子，「今，父親は―父親と母親の現状」柏木惠子編著『父親の発達心理学』川島書店：179-225，1993

第8章 職業としての福祉
―社会福祉原論

キーワード

- ソーシャルワーカー
- 社会福祉士及び介護福祉士法
- 社会福祉法
- 共同募金
- ウェッブ夫妻
- 日本社会福祉士会倫理綱領
- 社会福祉法人
- 第一種・第二種社会福祉事業
- 大河内一男
- ハイエク

●はじめに

「社会福祉原論」とは，どんな科目か，イメージできるだろうか？

社会福祉原論は，いうなれば根幹的な科目である。「社会福祉とは何か？」「どうあるべきか？」を考える役割を担っている。[1〜3]

前章の「社会保障論」は各論の結合体のようであることはすでに伝えた。そこでは，年金・医療・労働という別個のテーマが集結されている。

社会福祉には職種があり，いろいろな分野がある。児童福祉，高齢者福祉，障害者福祉，生活保護，労働保険…。社会福祉原論で扱う内容は，こうした職種や分野を問題としない。社会福祉のどの道に進もうとも，プロになるため

に，必須で学ぶべき事項が含まれている。社会福祉原論で学ぶことをベースとして，他の科目の知識・教養が活かされることになるといっても過言ではない。

この科目もまずは手を広げすぎず，ポイントをしぼって学習した方がよい。本章では，よく資格試験で取り上げられる事項を中心に解説していきたい。

●ソーシャルワーカーとして

まず社会福祉原論で重要なのは，現在の制度のなかではいろいろな福祉職があると知ることである。あなたが今後就く職とは違う職種も，多々存在している。職種がたくさんあるというのは，言いかえれば，現場でたくさんの職種の人たちと仕事をする機会があることでもある。

福祉職の人たちを総称して，広義に「ソーシャルワーカー」(social worker) ということがある。ソーシャルワーカーとは，社会福祉士を含め，社会福祉業務に携わる人たちのことで，児童，高齢者，障害者などのケア・援助などを行い，社会福祉の現場で働く人たちといってよい。より狭義には相談業務を行う人をさし，社会福祉士以外に，精神保健福祉士，介護支援専門員などを含めることがある。個々の福祉職をみる前に，まずこの概念を総合的に押さえる必要がある。ソーシャルワーカーの職のあり方については，多くの研究がなされている。[4]

資格試験でも頻出である。例えば社会福祉士国家試験（第16回-4）では関連する問題が出題されたことがある。当設問はソーシャルワーカーの業務を4つの役割から問うものだった。ソーシャルワーカーは，4つの側面を同時にあわせもつ人物であることが望まれる。つまり「仲介者 (broker)」「権利擁護者 (advocate)」「教育者 (teacher)」「臨床家 (clinician)」である。これらのキーワードがどんな意味か，想像できるだろうか？

まず「仲介者」として，サービスを必要としているクライエントを適切な機関や施設に結びつけることが求められる。例えば学校現場で問題を起こし，家庭環境を含めて考慮せねばならない児童がいれば，学校の教師だけで対応させ

4つの顔をもつソーシャルワーカー

ておくのではなく，児童相談所などに連絡をとりつけることが必要となる。

「権利擁護者」としての役割も必要である。クライエントのサービス利用を保障するのはもちろんのこと，集団単位で特定の人々が不利益を被るようなことがあれば，政策を変革するよう行政や社会に働きかけることが必要である。ソーシャルワーカーは個々の現場でうまくやるだけでなく，理想的にはそこまで求められる。児童，高齢者，障害者などは，自分たちで政策の是非を問うたり，行政や社会に呼びかけたりすることができない場合がある。そんなとき誰かが彼らの権利擁護を行わねばならないとしたら，ソーシャルワーカーが有力な候補である。

これは保育士国家試験（2005年「社会福祉」-18）でも出題された。次の文章の正誤を判断することが求められた。

> アドボカシーとは，認知症，知的障害，精神障害などのために意思表示が困難な人，または子どもなどに代わって，援助者が権利や日常生活のニーズを主張することをいう。

もちろんこの文章は正しい。

ソーシャルワーカーには「教育者」の役割も求められる。クライエントは，自分の必要なサービスについて情報提供してくれる人を欲している。それから，生活能力向上の指導をしてくれる人を欲している。ソーシャルワーカーがそれらを体現することで，クライエントは問題を回避できるようになるかもしれない。例えば，高齢者にリハビリさせること，その家族にどんな介護サービスがあるか教えてあげることなどは，この例である。

最後に「臨床家」としての役割もある。クライエントが自分の問題を理解し，自力で乗り越えられるよう，サポートする。例えば，家庭に問題を抱える児童の自立への支援は，ここに含まれる。ソーシャルワーカーはクライエントに直接に接する第一線であるとの意識が必要である。

以上，しっかりと自分のなかでイメージしておくとよい。現場に出るまでは実感がわかない面もあるかもしれないが，事前にイメージしておくことに大きな意味がある。

●社会福祉士

次は，ソーシャルワーカーのなかでも社会福祉士を取り上げたい。これは社会福祉士国家試験に限らず，保育士国家試験などでも出題されている。

当の社会福祉士国家試験においては，日本社会福祉士会の規定する「日本社会福祉士会倫理綱領」や「社会福祉士及び介護福祉士法」からの出題が多い。第18回では倫理綱領から出題された(問題4)。しかし，難しくとらえる必要はなく，どれも「社会福祉士としてあるべき姿」について問うていると思えばよい。実際に役立つ知識でもある。

社会福祉士の業務が相談援助であることはご存知だろうが，出題は業務における規範からよくなされている。今後就くかもしれない職に関する規範を，前もって示してくれるとは，ありがたい出題である。

社会福祉士の相談援助にはたくさん規定があるが，そのうち倫理綱領からいくつか取り上げたい。

例えば，社会福祉士は他の専門職との連携や協働を適切に行わねばならな

い。本書で何度か記したが，現在の社会福祉の職場では自分と同じ職種の人とだけつきあっていればよいわけではない。では，どんな人たちとつきあっていくのだろうか？

例えば高齢者施設の社会福祉士であれば，介護福祉士やホームヘルパーをはじめ，ほかの福祉専門職との協働が必要になる。また福祉のスタッフだけでなく，病院スタッフとの連携や，行政関係者との連携も，必要になることがある。

協働！

行政関係者　　社会福祉士　　介護福祉士・ホームヘルパー

福祉専門職・病院スタッフ　　医師・看護師

当倫理綱領は社会福祉士のコミュニケーションスタイルにも，言及している。例えば「福祉用語や学術用語などの難解な言葉の使用を避け，クライエントにわかりやすい話をする」ことが明記されている。特に福祉と関係ない日々を過ごしているクライエントにとって，わからない言葉が多用されることは，望ましいことではない。子どもや高齢者，障害者をはじめ，話し方に留意せねばならないクライエントが多いことを忘れてはならない。

また，社会福祉士は仕事柄たくさんの秘密を保持することになる。クライエントの居住地をはじめ，家族構成，経済状態，悩み内容など，挙げればきりがない。そこで求められるのが秘密保持である。社会福祉士国家試験の第17回 (**問題6**) において，社会福祉士及び介護福祉士法からの出題では，社会福祉士の信用失墜行為が問われた。

社会福祉士には，業務によって知りえた秘密を業務外の目的で他者に伝えることは許されない。話のついでに自分の友人や家族に漏らすことも，あってはならない。もしこうした違反行為を行った場合，1年以下の懲役，または30万円以下の罰金が課せられる（第50条）。

これは介護福祉士も同じである。そして介護福祉士の国家試験でもこのことが問われたことがある（第18回-8）。

社会福祉士になる前に，こうした諸規定や法律を知っておく意味は大きい。プロとしての心構えを事前に知るだけでなく，自分を守る術を知っておくことでもある。

社会福祉士の職業倫理については，保育士の国家試験でも出題されている（2004年「社会福祉」-11）。それだけ他職種とも関わりがあるということだろう。

なお，介護福祉士についても「日本介護福祉士会倫理綱領」が定められており，過去に出題されている（介護福祉士国家試験の第17回-6）。

●社会福祉法人とその事業について

社会福祉原論で扱う別のトピックとして，社会福祉法人に関するものがある。社会福祉法人とは，社会福祉に関する事業を行う法人であり，「社会福祉法」に基づいている（第22条）。本節では社会福祉法人とその事業について，社会福祉法に言及しながら解説してみたい。

社会福祉法人について知る意義はいろいろあるだろうが，ここでは実用的に考える。例えば福祉系の職場で働いていて，自分がいつか運営する立場の1人になる可能性がある。あるいは独立し，社会福祉法人を設立・運営することになる可能性がある。そうしたときのために，事前にいくらかでも社会福祉法人や事業について知っておくと便利である。

また，毎日働く事業所が日本の制度のなかでどういった位置づけなのかを知っておくことは，社会福祉の専門職として，当然のたしなみかもしれない。

◎第一種社会福祉事業と第二種社会福祉事業

　社会福祉法人は「社会福祉事業」を行う法人だが，その社会福祉事業は大きく2種類に分かれる。

　一つは「第一種社会福祉事業」，もう一つは「第二種社会福祉事業」と呼ばれる。前者は主として入所によるサービス事業であり（それ以外もあるが），後者は通所や在宅によるサービス事業である。

　前者は，例えば特別養護老人ホーム，身体障害者療護施設などである。後者は，例えば児童更生施設，老人居宅介護等事業，老人デイサービス事業，障害福祉サービス事業などである。

　社会福祉士国家試験（第16回-5）ではこれを問う問題が出された。それぞれの事業が，第一種か第二種かをたずねる問題だった。同設問では次の4つの事業について扱われたが，これらが第一種か第二種かおわかりだろうか？

　　①知的障害者更生施設
　　②児童養護施設
　　③有料老人ホーム
　　④保育所

　正解は，①と②は第一種，④は第二種である。前者は入所，後者は通所の事業所である（なお，2005年の障害者自立支援法の成立により，現在①は2011年度末までの移行期間での扱いとなっている）。

　注意せねばならないのは「③有料老人ホーム」である。これは入所施設でありながら，第一種社会福祉事業の扱いではない。とはいっても，第二種社会福祉事業でもない。実は社会福祉事業として「扱われない」特殊な例である。この機会に知っておくとよい。

　また関連して注意したいのは「共同募金」の扱いである（社会福祉法第113条）。「赤い羽根」といえば読者にとって身近なものかもしれないが，これは第一種社会福祉事業である。出題側からすれば，試験問題をつくりやすい事業である。

　さて，第一種と第二種を分けるもう一つの大きな違いは，「誰が事業を運営

赤い羽根共同募金

地域の福祉、みんなで参加
赤い羽根共同募金
10月1日▶12月31日

資料：中央共同募金会

するか」である。つまり経営主体が異なる。原則的に第一種を経営するのは社会福祉法人か行政（国，都道府県，市町村）であり，一方，第二種を経営するには制限がない。

　その理由は，第一種は利用者を保護する目的があり，入居者はそこで生活を行うから，経営の安定がより強く求められる。経営が安定していないことの利用者への影響は極めて大きいと想像できる。

　一方，第二種は利用者への影響が（少ないとはいえないが）入所施設ほどでないと考えられる。

　第一種社会福祉事業を行う社会福祉法人の非収益事業は非課税となっている。これはNPO法人や一般企業などには与えられない特権であり，それだけ公共性が高いといえる。

タイトル：エンジン
発売元：フジテレビ映像企画部
販売元：ビクターエンタテインメント

　TVドラマ「エンジン」では，民間の児童養護施設の日常生活が取り上げられた（2005年，フジテレビ系）。施設に住む子どもたちの傷害事件などをきっかけに，大家が地上げを始め，施設経営が成り立たなくなった。子どもたちは別々にほかの施設に送られることになった。そのときの子どもたちへの影響がよく描き出されている。まさに，第一種社会福祉事業の経営の安定性をテーマにしている（現在DVD化されている）。

　介護福祉士国家試験（**第17回-8**）では，次のような文章の正誤が問われた。

> 第一種社会福祉事業は，国，地方公共団体，社会福祉法人が経営することを原則とする。

上記の内容を知っていれば，この文章は簡単に「正」と判断できるはずである。

●理論家の面白さ

　社会福祉原論でもう一つ重要なのは，理論についての学習である。過去に「〇〇という理論家が××と語った」などを扱う領域である。

　理論というと「難しいことを言っていて理解できない」「人名や専門用語など暗記事項が多くてつまらない」などのイメージをもっていないだろうか？

　しかし，それはもったいない。考えようによっては，理論家の学習はおもしろい。それに，かみ砕いて具体的に考えると，意外に使えるものが多い。「簡単に」解釈できるものも多い。「難しい」と思う必要はない。

　一ついえるのは，正確にとらえようと思いすぎない方がいいことである。とかく「勉強なのでしっかり理解しよう」と考えがちかもしれないが，それは理論の学習にはかえって足かせとなる。むしろ「多少ニュアンスが違ってもいいから，まずこの人の理論を簡潔にわかってみよう」ぐらいの方がよい。細かなニュアンスの修正は後でもよいが，はじめに興味を失うとなかなか修正できない。

　もう一つは「自分がその人になったつもりで，いまの社会をみたらどう考えるか」と，理論家になりきってみるのもお薦めである。いわば，理論家の「ものマネ」をしてみる。その人の考え方にしたがって，福祉現場についてでもいいし，福祉とは関係ない日常生活でもよいから，フィルターを通して理解しようとしてみる。少し理解できたと思えれば十分である。

　以下いくつか実際にやってみたい。断っておくが，本当に詳しく，理論を専門として研究するような人からみれば，粗雑な面もあるかもしれない。しかし，ここで取り上げる目的は，学術論文などとは違う。むしろ初心者に理解し

てもらい，今後につなげてもらうためである。そのため，あえて理論家のポイントの細部に，あまりこだわらず利用している部分があるが，ご了承いただきたい。

◎大河内一男

まずは日本の理論家の代表「大河内一男」である。[5] 彼が論じたことの一つは，社会の下層に位置する貧困者たちのことである。大河内によれば，資本主義の世の中では，結果として貧困者が現れるのが当たり前であって，なくすことは不可能である。ならば国家としてすべきことは，貧困者への事業を遂行することだろうと主張した。それが大河内の理論の根幹の一つといえる。

大河内の言葉では，貧困者は経済秩序の外にいる存在ということで，「経済秩序外的存在」と呼ばれた。ここでいう「経済秩序」とは，社会成員たちがそのなかに納まっている総体であり，例えば社会全体をみれば，労働者が中間に存在し，富裕層（あるいは資本をもつ者たち）が社会の上層部を占めている。しかし，貧困者はそういった経済の秩序に収まることができない。つまり，その外側にいる存在であるという。

大河内によれば，貧困者に対しては，大多数の労働者たちに対して行う政策とは別個の対応が必要であるという。そういう意味から，労働者への対応を「社会政策」とし，貧困者への対応を「社会事業」と呼んで，区別した。貧困者対象の社会事業は，社会政策よりも手厚いサポートが必要であると考えた。

大河内一男（1905〜1984）

大河内の理論をいまの世の中に当てはめたら，どうイメージできるだろうか？

「社会事業」として，生活保護がその一例だろう。「経済秩序の外の存在」は，ホームレスなど通常の経済システムから除外されるケースから想像できる。

今では当然のように思える大河内の考えも，戦前・戦中・戦後と，国民の多くが「いかに生活をよくするか」「欧米に追いつき追い越せ」

と考えていた時代である。そんなとき大河内は「この社会のやり方を続けるかぎり，社会の最下層である貧困者はなくならない」と考えた。いわば大方の目が上方向を向いていたときに，「下は絶対なくならない，助けねばならない」と考えた。

もっと言えば，貧困者どころか，労働者の大半がさほどの暮らし向きではなかった時代である。多くの論者が，人口の多くを占める労働者にむけて，生活の保障に何が必要だろうと考えていた。しかしその時点で，大河内はそれより少数の貧困者に目を向けた。それは特筆に値する。

◎海外の理論家

海外の理論家も，社会福祉の学習には欠かせない。資格試験でもよく出題されている。なかでも頻出の「ウェッブ夫妻」（S. Webb & B. Webb）と「ハイエク」（F.A. Hayek）を取り上げたい。国が違えども，現在の制度にまで影響を与えており，今でも遠く離れた国の試験で頻出されるような理論家たちである。

社会福祉や社会保障を議論する場合，大きく2つの立場に分かれることがある。一つは，社会福祉が国家によって行われるべきとする立場で，もう一つはそれほど国家が介入すべきでないとする立場である。

洋の東西を問わず，これは今でもよく議論されているが，古典的にはウェッブ夫妻とハイエクの違いに顕著に見出される。

ウェッブ夫妻はその名のとおり，夫婦で活動を展開したイギリスの理論家である。[6,7] 戦後のイギリスの政策に大きな影響を与えたといわれる。ウェッブ夫妻の主張は，最下層の人たち対象だけでなく，全国民対象の「ナショナル・ミニマム」を実践することが必要というものだった（国民の最低限度の生活ともいえる）。実際にウェッブ夫妻は教育，衛生，余暇など，幅広く対象を論じた。

また，彼らの主張の核心には「国民の最低限の生活を保障することで，産業効率は高まる」という考えもあった。女性や子どもらが不当な雇用状況のもと，低賃金で労働を強いられていなければ経済はもっと発展するなどの点で，特徴的だった。

ウェッブ夫妻（Sidney Webb, 1859～1947, Beatrice Webb, 1858～1943）

それに対し、オーストリア生まれのノーベル経済学賞受賞学者（1974年）ハイエクは「国家はあまり介入すべきでない」と唱えた。[8] いまだに影響は強く、近年の米国の新自由主義にも影響を与えているといわれる。

ハイエクは、福祉的政策の強調は自由主義経済に脅威を与えうると考えた。そして、ウェッブ夫妻のような国家による最低生活の保障を否定的にとらえたどころか、国家がいろいろ管理し福祉にも手を出しすぎたために、インフレや厳しい課税、官僚的教育など弊害が生じたと主張した。

以上、2つの立場を代表する理論家を簡単に説明したが、これ以外にも前者の例としてケインズ（J.M. Keynes, 1883～1946）、後者の例としてフリードマン（M. Friedman, 1912～2006）などが著名である。

これらの理論を現代の日本を題材にしてイメージしてみよう。今度は社会全体などという大きな話でなく、身のまわりの例で考えてみたい。

ハイエク（Friedrich August von Hayek, 1899～1992）

例えば、あなたは事業所を経営しており、安定した経営体制にしたいとする。どうするだろうか？

前述の両者の発想を真似れば、2種類の方向性が考えられる。一つは後者ハイエクらのような発想で、とにかく事業を拡大するというやり方である。仕事についてこられる優秀な従業員をすすんで登用する。稼げるだけ稼ごうとする。ひっぱれる人にひっぱらせる体制である。

もう一つは前者のウェッブ夫妻のような発想である。事業の拡大よりも，まず従業員の待遇や生活保障を強調する。安定した労働生活ができる体制を構築すれば，事業所としても安定した経営ができると発想する。そのため，事業所が負担する部分もやむなしとする。

どちらが優れているとは一概に言いがたい。これからも議論は続いていくだろう。

研究紹介：援助？それとも自助？

米国の社会問題における議論の一つが，「貧困者を行政が援助すべきか，自助努力させるべきか」である。黒人やヒスパニックなどのいわゆるマイノリティ集団には，統計的にみて貧困者が多く，行政がどう対応するかが問題となってきた。

この問題は政局とも大きく関係している。二大政党制の米国では，共和党（Republican Party）と民主党（Democratic Party）が社会問題の様々な問題について議論を戦わせている。貧困者への援助については，おおまかにいって，支持する立場が民主党であり，反対する立場が共和党である。後者のような共和党的発想の人のなかからは，貧困の原因を「公的な援助があるから貧困者は甘えてしまい，貧困から抜け出せない」と指摘する声もある。

日本にも似たような見解が，貧困者やマイノリティ集団などに対してはあるかもしれない。公的な援助というのは，どこの社会でも世論に支持されるとは限らないのだろうか。

参考：Saito, Y. & G. Farkas, "The *Burakumin*: An Updated Review," *International Journal of Contemporary Sociology* 41（2）：232-250, 2004.

◎理論の学び方

理論の学習では，まず簡潔に理解することから始めるとよい。それぞれの細かな違いは，あとで理解すればよいとわりきることも必要である。はじめから細かく正確に覚えようとすると，かえって能率がよくないかもしれない。

そして，理論家を「ものマネ」して現代社会をイメージしてみる。このやり方に慣れて，理論を自分の考え方のストックとして蓄えておく。すると，ただの暗記よりしっかりした知識として培われる。さらに，試験の役に立つだけでなく，のちに現場に出てからも役に立つだろう。現状に行きづまったときなど，何かしらのヒントが得られるかもしれない。

目先のことにとらわれて毎日問題を抱えながら過ごす人材はいくらでもいる。しかし，自分の置かれた状況をよい意味で俯瞰できる人材はそういるものではない。理論家の発想は，当時は画期的だったし，その後の影響力も大きかったからこそ，現代まで重視されている。ぜひ理論家の発想を知ることで，現状をよい形で俯瞰する癖を身につけたい。

●まとめ

「社会福祉原論」という科目は，社会福祉職に就くに当たっての心得を教えてくれる。そこではプロフェッショナルの心得などについて学び，また社会福祉法人やその事業についても学ぶ。そして，現在の社会福祉に影響を与えてきた理論家について学ぶ。ほかの科目と比べて，いうなれば社会福祉の根幹をなす部分であり（「原論」である），どの福祉職に進むにしても一度は学んでおく意義がある。

社会福祉原論はそれだけ「重みのある」科目であるため，むしろ難解に感じる人は多いかもしれない。だが，本章で再三述べたように，苦手意識をもつべき科目ではない。むしろ実用的なことも多く，お薦めの科目でもある。「手を出せない」とか「難しい」いうイメージでとらえない方が，自分のためである。もてる「イメージ」をフル活用して学んでほしい。

【確認問題】次の記述文の正誤を答えなさい。

□□① ソーシャルワーカーが「仲介者」であることの第一義的意味は，クライエント同士がもめごとやトラブルを起こした場合，適切に仲介することをさす。

□□② 社会福祉士として知り得たクライエントの秘密を，業務以外の理由で漏らしてしまった場合，1年以下の懲役，または30万円以下の罰金が課せられる。

□□③ 保育所は，第一種社会福祉事業である。

□□④ 社会福祉法人については社会福祉法で規定されている。

□□⑤ ハイエクの唱えたナショナル・ミニマムは，戦後のイギリスの政策に大きな影響を与えた。

【確認問題の解答】

① ×（クライエント同士より機関・施設・行政などとの調整） ② ○ ③ ×（第一種ではなく第二種社会福祉事業） ④ ○ ⑤ ×（ハイエクではなくウェッブ夫妻）

【文献】

1) 京極高宣，『社会福祉学とは何か―新・社会福祉原論』全国社会福祉協議会，1998.
2) 古川孝順，『社会福祉原論』誠信書房，2005.
3) 岩田正美，荒川義子，久保紘章ら編集代表，精神保健福祉士養成セミナー編集委員会編『社会福祉原論』へるす出版，2001.
4) 星野貞一郎，『社会福祉原論』有斐閣，2002.
5) 大河内一男，『大河内一男著作集』青林書院新社，1963
6) 名古忠行，『ウェッブ夫妻の生涯と思想-イギリス社会民主主義の源流』法律文化社，2005.
7) ハリスン，R.，大前真訳『ウェッブ夫妻の生涯と時代―1858～1905年:生誕から共同事業の形成まで』ミネルヴァ書房，2005.
8) ハイエク，F.A.，西山千明訳，『隷属への道』春秋社，1992.

終章　おわりに

●本書の執筆に当たり

　筆者のベースとなる学問分野は「社会学」である。実際，ライセンスともいえる博士号（Ph.D.）は，社会学（sociology）で取得している。研究者というのは，普通専門領域をもっているものである。「専門領域は？」と聞かれれば，特に家族論，コミュニケーション論，社会心理（ミクロ社会学），社会調査などと答える。また，関連する社会福祉政策や社会保障（特に家庭支援，子育て支援，親教育など）であると答える。

　なぜそんなことを説明するかといえば，本書の内容が，いささか多領域に及んだことを筆者自身が感じているからである。

　しかし，知らないことや，言えないことには言及していない。本書の内容は，筆者がこれまで研究してきたなかで，論文や書籍，学会発表などで公表してきた事項をベースにしている。

　社会学やコミュニケーション論，関連政策事項などを，社会調査やヒアリングなどの手法で研究している身としては，光栄ながらも多くの研究者と接することができる。共同研究の機会もある。つまりは，専門以外の先生方や現場の方々から，学ばせていただく機会が多々ある。

　よって，自らの「研究者としてのアイデンティティー」は上記領域にありながらも，それを軸にして様々な分野で勉強を継続している。

　しかし，考えてみれば「最終学位やそのときの研究テーマだけを後生大事に

追いかけていく」研究者の方が，実際は少ないのではないだろうか。

　筆者の尊敬する研究者たちには共通点がある。それは，自分の軸を踏み外すことはないが，過去の専門領域にこだわりすぎずに，その場・その時点で目前に現れた研究に没頭する。それが自身の視野を広げ，さらなる糧になっていく。そして，軸になる部分も深まっていく。筆者は本書を手がけて，そうした先生方のやり方をあらためて意識した。またそういった方々に，少しでも近づきたいと思った。

　本書は「序章　はじめに──本書を読む前に」で明言したように，社会問題や社会福祉の初学者，あるいはそういった領域に「気軽に」興味をもった方々を対象にしている。そういう人たちにとっての「気軽な」読み物になることを目指している。繰り返すが，特定分野の研究者を育成する専門書ではない。

　そのため大雑把に説明した部分もあるかもしれない。専門的な知識をおもちの先生からみたら，雑にみえる部分もあるかもしれない。

　しかし，仮にこれから自分が，例えば工学を勉強したい，物理学を勉強したい，生物学を勉強したいと考えたとしよう。そのときにどんな書をまず手にしたいだろうか。専門書だろうか，詳細までしっかりと正確な難しい書だろうか？

　いや，筆者であれば，まずほしいと思うのは，多少大味でもよいからわかりやすく，その分野のおもしろさを伝えてくれる入門書である。それを目指す志は間違っていなかったと自負している。

　科目選定についてひと言つけ加えれば，例えば各種試験でいう社会福祉援助技術論や障害者福祉論，介護概論，医学一般などは，本書で扱わなかった。どうしても筆者のこれまでの研究の範疇にはなかった。それらを無理して扱うことは，避けねばならないと考えた。もし「試験科目をすべて網羅していない」との批判があるとすれば，それは私の力不足だが，そういった事情がある。現時点で着手できる限界であったことをご理解いただきたい。

謝　辞

　本書を執筆するに当たり，たくさんの方々のお世話になりました。

　まず，福祉教育カレッジでの社会福祉士国家試験対策講義や問題作成等は「読者の勘どころ」を知る有意義な経験となりました。講座担当の社会福祉士である元・福祉教育カレッジの浅野伸生さんには，本書のきっかけとなる着想を頂きました。

　西武文理大学の先生方および学生たちには，常日頃より，教育研究活動を通じ，様々なよい刺激を頂いています。本書のすみずみまで活かされたことは言うまでもありません。

　研究活動等でご一緒させて頂いている国内外の各先生方にも，この場を借りて深謝申し上げます。目標とし尊敬する先生方からご指導頂いていることを，常に念頭に置く毎日です。

　訪問取材等でお世話になってきた行政・NPO・各種団体の方々，そして福祉現場等でご活躍中のスタッフの方々にも感謝致します。こうした皆様からの情報提供やご意見なしに，本書は完成されませんでした。

　最後に，医学評論社の編集スタッフの方々には，本書の企画から発刊に至る全過程でお世話になりました。

　記して深謝申し上げます。

2008年1月

斎藤嘉孝

索引

青字：キーワード

欧文
DINKs 59, 64, 66
EBM 77, 91
M字型曲線 59, 70
NPO 97, 103

あ
赤い羽根 137

い
いじめ 77, 81
いじめっ子 81
いじめられっ子 81
遺族基礎年金 111, 119
イリイチ 67
医療扶助 45, 51, 52
医療保険 111, 119
医療保険の自己負担額 120

う
ウェッブ夫妻 131, 141
うつ病 123

え
援助？それとも自助？ 143
エンパワーメント 27, 39

お
大河内一男 131, 140
男らしさ 67
親支援 7, 23
親力 23
親をいかにきたえるか 23
女らしさ 67

か
介護保険のメリット 35
介護支援専門員 37
介護認定審査会 27, 36

介護福祉士 2
介護福祉士国家試験 15, 50, 87, 99, 101, 138
介護扶助 51
介護保険 27, 34
介護保険の審査 36
介護保険の対象者 37
介護保険への批判 38
介護予防 42
会社員 115
カエルの子はカエル？ 56
格差 46
確認問題 5, 26, 43, 58, 75, 95, 109, 130, 145
家族 63, 79
家族形態 59, 64, 66
家族社会学 64
家族療法 77, 87
活動紹介 18, 40
活動紹介のコラム 5
家庭における中学生の男女差 85
過労死 123
韓国高齢者の社会参加 106
観衆 81

き
虐待 9, 12
教育者 134
教育扶助 51, 52

く
共感 77, 80
共済年金 116
行政措置 27
共同募金 131, 137

け
ケアマネジャー 37
ケインズ 142
研究紹介 23, 30, 33, 47, 56, 61, 85, 92, 105, 106, 126, 143
研究紹介のコラム 5
健康診査 7
健診 21
権利擁護者 133

こ
後期高齢者医療制度 121
厚生年金 111, 115
厚生労働省 93
公的扶助論 2, 45
高年齢者雇用安定法 27, 39
高年齢者等の雇用の安定等に関する法律 39
公務員 116
高齢者虐待 27, 31
高齢者の家族形態 28
高齢者の疾病 30
高齢者の情報機器利用について 33
高齢者の心理学 78
高齢者の生活 28
国民生活基礎調査 29, 68
国民年金 111, 114
国民年金基金 117
子育て 69
国家公務員試験Ⅱ種 3, 67, 70
雇用保険 111, 124

さ
在宅医療におけるチーム医療体制 92
在宅ケア 97, 107

し
自営業 117
ジェンダー 59, 67
自殺 123
市町村社協 98
市町村地域福祉計画 102
児童虐待 8
児童虐待防止法 7, 14
児童厚生施設 7, 21
児童相談所 7, 14
児童相談所への相談件数 8
児童手当 7, 22
児童手当法 23
児童の心理学 81
児童福祉 2, 7
児童福祉施設最低基準 7, 17
児童福祉法 21

児童福祉論 7
児童養護施設 7, 16
児童養護施設の子どもへの自立支援 18
死亡原因 30
社会学 2, 3, 54, 59, 147
社会のしくみ 1, 73
社会福祉概論 2
社会福祉協議会 97, 98
社会福祉行政業務報告 48
社会福祉原論 2, 131
社会福祉士 2, 134
社会福祉士及び介護福祉士法 25, 74, 131, 134
社会福祉士国家試験 10, 19, 49, 53, 100, 103, 137
社会福祉法人 136
社会保障論 2, 111
社会問題 2
社協 98
シャドウ・ワーク 59, 67, 68, 69
就業支援 39
住宅扶助 45, 51, 52
収入が低い方が健康状態が悪い？ 47
出産扶助 51, 52
主婦たちの年金 117
受容 7, 77, 86
障害基礎年金 111, 118
障害児の家族 85
障害の受容 86
傷病手当金 111, 121
女性雇用管理基本調査 69
女性の方が社会参加に積極的 61
自立支援 97, 107
資力調査 45, 50
身体的虐待 9
心理学 2, 77
心理検査 77, 89
心理専門職との協働 94
心理的虐待 9
心理療法 87

す

ステップ・ファミリー 59, 64

せ

生活扶助 45, 51, 52
生活保護の対象 48
生活保護法 45
生業扶助 51
精神年齢 77
精神保健福祉士 2
性的虐待 9
世代間交流の促進 40
全国社会福祉協議会 102
専門家としての対応 19

そ

葬祭扶助 51, 52
相対的剥奪 47
ソーシャルワーカー 131, 132
措置 35
祖父母と孫の接触は親しだい？ 126

た

第1号被保険者 27, 37
第2号被保険者 27, 37
第一種社会福祉事業 131, 137
第二種社会福祉事業 131, 137
立入調査 7
誰に介護してほしいか？ 30
断定表現には要注意⁉ 89

ち

地域福祉 105
地域福祉計画 97, 101, 102
地域福祉権利擁護事業 100
地域福祉論 2, 97
知能指数 77, 90
地方分権 97, 107
仲介者 132

つ

ツリー型 61

と

統計をみるおもしろさ 33
同情 77, 80
特定非営利活動促進法 97
都道府県社協 98, 100
とんびが鷹を産む？ 56

に

日常生活自立支援事業 97, 100
日本社会福祉士会倫理綱領 131, 134
人間関係のあり方 73

ね

ネグレクト 7, 9
ネットワーキング 59, 60, 61
年金 114
年金制度 112

の

ノーマライゼーション 97, 107

は

バーンアウト 77, 88
ハイエク 131, 141, 142
バイステック 21
発達 77, 84
発達心理学 2

ひ

非営利組織 97, 103
非営利組織のリーダーとメンバー 105
標準報酬月額 111, 115
標準報酬日額 111
貧困 46, 53
貧困者 54

ふ

賦課方式／積立方式 111
福祉系資格試験の心理学とは？ 90
福祉事務所 45, 50
福祉職 72
不登校 77, 83
フリードマン 142
ブルデューの理論 55

索引

ほ

保育士　2
保育士国家試験　9, 18, 35, 54, 84, 108, 133
法改正と児童家庭福祉への注目　25
傍観者　81
法律に関する出題　16
ホームレス　45, 54
ホームレスの自立の支援等に関する特別措置法　54
保険者　27, 37
保険料率　111
保護の補足性の原理　45, 50
保護率　45, 48
母子保健法　21
ボランティア活動支援　39

み

ミーンズテスト　45, 50

も

燃え尽き症候群　88
問題研究　13, 16, 25, 38, 74, 89
問題研究のコラム　5

よ

要介護・要支援　27, 36
養護原理　2

り

リゾーム型　61
リゾーム型 vs ツリー型　59
臨床家　134

れ

歴史を学ぶ意味　127

ろ

老後への積み立て　113
労災　111, 122
老人・障害者の心理　2
老人福祉法　27, 41
老人福祉論　2, 27
老人福祉論の事例問題　38
老人保健制度　40, 111, 121
老人保健法　27, 40, 121
労働環境　125
労働者災害補償保険　122
労働保険　111, 122
労働力率　59, 70
老老介護　27

〈著者〉
斎藤　嘉孝（さいとうよしたか）
博士（Ph.D., 社会学）。慶応義塾大学卒業，同大学院社会学研究科修士課程修了，ペンシルベニア州立大学社会学部博士課程修了（Pennsylvania State University, Department of Sociology）。現在，西武文理大学サービス経営学部健康福祉マネジメント学科専任講師。
連絡先：〒350-1336　埼玉県狭山市柏原新田311-1　西武文理大学斎藤研究室。

社会福祉を学ぶ
～トピックで読みとく社会のしくみ

2008年2月15日　第1版第1刷発行

執　筆　斎藤嘉孝
発　行　株式会社 医学評論社
　　　　〒169-0073 東京都新宿区百人町1-22-23 新宿ノモスビル4F
　　　　　　TEL 03（5350）2441＜代表＞
　　　　　　FAX 03（5389）6452
　　　　　　URL http://www.igakuhyoronsha.co.jp/
印刷所　株式会社 光邦

ISBN 978-4-87211-842-1　C3036

介護・福祉関連図書

過去5年＋αの国試問題を厳選，ズバリ解説！
第20回 介護福祉士国試 対策 '08
定価 3,990円

過去問と練習問題で，実技試験対策はOK！
介護福祉士国試・実技試験対策
絵でみる介護 （第13版）
定価 1,890円

国試に出てきた重要キーワードが全て収載！
イラストでみる 介護福祉用語事典 （第3版）
定価 2,520円

過去問＋予想問題を解けば，事例問題なんか恐くない！
事例問題トレーニング ～介護福祉士国試対策～
定価 1,680円

国試ガイドラインに準拠！
わかりやすい解説と豊富なイラストで，理解力アップ！
イラストでみる
介護国試対策 **介護キーワードマップ**

改訂第2版	第1巻 法律・制度系	定価 1,470円
改訂第2版	第2巻 援助技術系	定価 1,470円
改訂第2版	第3巻 サイエンス系	定価 2,100円
改訂第2版	第4巻 介護技術系	定価 1,890円

介護・社会・精神保健福祉士国試対策 '08
100テーマでみえる法律＆公衆衛生
定価 1,890円

介護・社会福祉士国家試験ゴロ合わせ
ゴロ・プレス
定価 1,260円

(社) 日本社会福祉士会 推薦
過去5年＋αの国試問題をわかりやすく解説！
第20回 社会福祉士国試対策 '08 （共通科目編）
定価 3,990円

第20回 社会福祉士国試対策 '08 （専門科目編）
定価 3,990円

社会福祉士・精神保健福祉士国試対策 '08
国試ダブルノート・ブルー 共通科目編
定価 1,890円

社会福祉士国試対策 '08
国試ダブルノート・グリーン 専門科目編
定価 1,680円

社会福祉を学ぶ
～トピックで読みとく社会のしくみ
定価 1,680円

医学評論社

★掲載価格はすべて税込価格となっております。